Passants de Compostelle

DU MÊME AUTEUR

Chronique du bel été, Picollec, 1982. Prix Louis Guilloux 1983.

Retours à Conques. Sur le chemin de Compostelle, Payot, « Voyageurs », 1993 ; rééd. « Petite Bibliothèque Payot/Voyageurs », 1995.

Le Grand Chemin de Compostelle, Payot, « Voyageurs », 1995 ; rééd. « Petite Bibliothèque Payot/Voyageurs », 1998. Prix du Livre d'aventures 1995.

Louis Guilloux. Les maisons d'encre, Christian Pirot, 1997.

Une Bretagne intérieure, Flammarion, 1998 ; rééd. « Petite Bibliothèque Payot/Voyageurs », 2001.

Saltas, sur des photographies de Jean Hervoche, Éditions Dana/Éditions Théo, 2000.

Pèlerin sans Église, Desclée de Brouwer, 2001.

Jean-Claude Bourlès

Passants de Compostelle

Petite Bibliothèque Payot/Voyageurs

106, bd St-Germain, Paris VIe.

Pour Michel et Monique,
Florence et Kristell,
compañeros *des chemins de vie.*

Il n'en finit pas le chemin
Il est en moi, je suis en lui
Il s'efface quand je le fuis
Je crois le suivre, il me dépasse.

Marc BARON,
Variations sur le chant intérieur, 1998.

25 juillet 1997. Marc et Marie ont dû quitter Burgos tôt ce matin. Un peu moins de deux cents kilomètres les séparent de León, qu'ils atteindront dans une semaine ; plus de cinq cents de Compostelle, où ils arriveront aux alentours du 15 août.

Journée capitale, commencée entre chien et loup, au cours de laquelle se renouent dans la rude réalité de l'été castillan les fils du périple interrompu l'année précédente. Devant eux la Meseta, terre et soleil, villages, Tardajos, Hornillos del Camino, Hontanas, où la prudence voudrait qu'ils logent, même si, plus loin, Castrojeriz leur semble plus tentant. Une première étape de quarante kilomètres serait redoutable pour la suite. Ils le savent. Pour l'instant la priorité est au corps. Espace, chaleur et fatigue doivent se réapprendre lentement, au rythme d'un pas inscrit dans la durée. L'an dernier, ils sont partis de Saint-

Jean-Pied-de-Port pour s'arrêter, pénalisés par le manque de temps, dans la capitale de la vieille Castille dont ils s'éloignent à présent. Villalbilla, Tardajos. Revendiquant son droit d'aînesse, la terre a succédé au macadam, une terre rarement grise : orange, rouge ou jaunâtre, safran. C'est ici que les plus indécis, ou les moins résolus, troublés par l'absence d'horizon, renoncent.

« En Espagne, dans la Meseta, il n'y a plus de repères, le vide, vous n'avez que le ciel et la terre et rien de vertical où le regard puisse s'accrocher. Au début c'est très impressionnant, ensuite on s'habitue. Les yeux se portent naturellement sur le lointain. Sur l'*au-delà.* » (Père Alain Thérondel, de Luc en Aveyron.)

Rabé de las Calzadas, quelques maisons de terre et une rue pompeusement baptisée *calle mayor*. L'un d'entre eux s'est-il arrêté près de la fontaine ? À présent, ils marchent vers la fin présumée des terres où les attend peut-être un apôtre, mais plus sûrement l'histoire et la légende, une légende dans laquelle depuis vingt-cinq ans ils rêvaient de prendre place : celle des pèlerins de Saint-Jacques-de-Compostelle.

Hasard ou coïncidence, lorsqu'ils se sont rencontrés, Marc envisageait son départ vers la cité galicienne avec un ami, Jacques, tandis que Marie écoutait Mercedes, qui en revenait.

« Tout était donc en place pour que nous partions, pourtant rien ne s'est fait. Jacques est mort. Nous nous sommes mariés, nos enfants sont nés, le quotidien a fait le reste. »

Reporté d'année en année, le projet tombe en léthargie pour rejaillir de temps à autre, au détour d'une lecture ou d'une phrase, jusqu'à ce jour de l'an dernier. Démarche classique : à l'instant où j'écris ces lignes, combien d'hommes et de femmes vivent la même histoire, sur le même chemin ? La route et ses lignes de fuite fascinent les piètres sédentaires que nous sommes. Le routard, ou plus prosaïquement le nomade supposé libre, également. Partir, sac au dos, bâton en main, s'enfouir — s'enfuir ? — dans la nature, devient, sinon la panacée tant attendue, du moins le rêve à la portée de tous. Que dire lorsque ces quelques jours deviennent semaines ou mois ? Lorsque le retour ne s'évoque qu'au conditionnel, et que le seul calendrier qui vaille est celui du chemin ?

Or ces départs au long cours qui par certains côtés s'apparentent à des fugues organisées sont de plus en plus vécus comme nécessité impérieuse. Réalité d'une fin de siècle courant après son ombre, on se ressource aujourd'hui davantage sur les chemins de caillasses que dans les séminaires de relations humaines, et le tour du mont Blanc attire chaque année plus de marcheurs que n'en connut Katmandou dans ses heures de gloire. Kerouac et ceux de la Beat ont fait des petits là où on ne les attendait pas, et sur des chemins plus compliqués que la Highway 61. Paradoxe : conçue et vénérée comme symbole de libération l'automobile devient objet d'aliénation, alors que considérée il y a trente ans comme désuète et ridicule la marche passe à présent pour une thérapie. Phénomène de mode, ou affirmation d'un désir trop longtemps refoulé ? Je laisse à d'autres le soin de le dire, me contentant de constater l'ampleur du renouveau d'une fonction somme toute naturelle à l'homme : celle de se déplacer sur ses pieds, par le mouvement des jambes. Marches en plaines, déserts ou montagnes, trekkings, promenades, randonnées, balades, sollicité de toutes parts le piéton sort de sa léthargie mécanique avec le désir avoué de reconquérir le monde, son monde.

Autre forme de nomadisme au long cours, le pèlerinage attire chaque année davantage d'hommes et de femmes sur des chemins imprégnés de recherche religieuse ou spirituelle, ce qui dans une société dite fortement déchristianisée — ou pour le moins en voie de désacralisation — n'est pas sans poser question. De tous les pèlerinages chrétiens d'Occident, Saint-Jacques-de-Compostelle est celui qui connaît aujourd'hui le plus d'engouement. Un succès surprenant compte tenu des difficultés des différents chemins et de leurs distances, mais une demande croissante au regard de laquelle autorités religieuses et laïques s'interrogent. Deux chiffres témoignent de ce fait qu'il faut bien considérer comme un renouveau, ceux des *compostellas* * attribuées par le bureau des pèlerinages de Saint-Jacques-de-Compostelle au vu du *credencial* ** : cent vingt en 1982 ; vingt-cinq mille deux cents, quinze ans plus tard ! Pourquoi ce phénomène que certains n'hésitent pas à qualifier de mode, mais qui manifestement relève d'implications personnelles plus compliquées ? Plus obscures aussi.

Incontestablement je fais partie de ce camp, puisque à deux reprises, et à quelques années d'intervalle, je me suis rendu — à pied — à Compostelle sans trop savoir pourquoi. Ayant fait le voyage, je suis *compañero*. À mon corps défendant, peut-être,

* *Compostella* : certificat de pèlerinage remis par les autorités religieuses au vu du crédential à chaque pèlerin ayant accompli au moins les cent derniers kilomètres jusqu'à Compostelle (deux cents pour les cyclistes).

** *Credencial* : au sens exact du terme, lettre de créance. Document qui, depuis le Moyen Âge, sert de passeport au pèlerin. Aujourd'hui délivré par les associations jacquaires, il fut longtemps attribué par l'évêque, contresigné par le curé de paroisse et l'autorité militaire, ou encore le maire de la commune. C'est au vu de ce document que le pèlerin bénéficie des refuges espagnols. Visé à chaque étape par les autorités civiles ou religieuses — aujourd'hui, très souvent par les commerçants —, le crédential permet d'obtenir, une fois à Compostelle, la *compostella*.

mais *compañero* quand même. Compagnon de Saint-Jacques ! Longtemps ce fut un titre, auquel se rattachaient quelques menus privilèges. Un titre de gloire sans autre bénéfice que les indulgences acquises, ce qui n'était déjà pas rien, une distinction à laquelle le plus humble pouvait prétendre à parité avec le puissant. Blasonnée ou cousue sur l'habit, gravée dans le linteau de la demeure ou portée en sautoir, la coquille pérennise un fait, la démarche pèlerine de Galice, sans souci de préséance. Faute de confréries cette coutume s'est évanouie, et nos temps sont trop sérieux pour la remettre en selle. Qui exigerait aujourd'hui d'être inhumé avec sa *compostella*, comme on le fit des siècles durant avec coquilles ou médailles de plomb rapportées de Compostelle comme un viatique d'éternité ?

J'ai donc suivi ce chemin sur lequel rien ni personne ne m'appelait. Parlant au singulier, je ne suis pas tout à fait honnête, puisque mon épouse m'accompagnait. En fait, qui accompagnait l'autre ? Je ne saurais le dire, mais elle au moins savait pourquoi elle se trouvait là. Moi, non. Les choses sont-elles plus faciles pour les autres ? Pour quelles raisons se trouvent-ils sur ce chemin ? Qu'attendent-ils de leur démarche ? Quels souvenirs en gardent-ils ? Pour le savoir j'ai interrogé des hommes et des femmes, pendant des mois et des années, pèlerins, nomades et donc passants, mais aussi ceux qui les reçoivent, les voient passer, paysans, commerçants, prêtres, ceux de l'écoute et de l'accueil, hospitaliers laïcs et religieux. Je les ai écoutés à même le chemin, lors de rencontres pèlerines, ou dans un cadre journalistique ; tous ont répondu à mes questions, en sachant qu'écrivain je rédigerais des articles, peut-être un livre. J'ai saisi leurs paroles, les ai mises en forme avant de les leur faire relire. Certains ont souhaité garder l'anonymat, d'autres non. J'ai respecté cette clause, persuadé que l'important se trouvait dans ce qui était dit.

Aujourd'hui ces paroles, idées et jugements forment un livre. Leur livre, celui de leurs témoignages livrés bruts de forme, un ouvrage fait de mots parfois un peu rudes mais toujours authentiques, à l'image de ce chemin qui les fit naître. Je les transmets au lecteur comme je les ai reçus, en espérant ne pas les avoir trahis ou dénaturés, tant il est vrai, comme le souligne François Mauriac, que « nous ne disons jamais l'essentiel, même quand nous en avons la prétention ». Ces témoignages, reliés par le fil conducteur du carnet de route que j'ai tenu sur ce même chemin en 1995, contiennent-ils un début de réponse à la question : « Pourquoi Compostelle ? » Je ne saurais le dire, et très franchement je ne le crois pas. La réponse, pour peu qu'elle existe, est ailleurs, et tellement diffuse que chacun en possède obligatoirement une parcelle. Une parcelle minuscule sans doute, mais essentielle, qui fait dire au père Jaime García Rodriguez, chanoine délégué au bureau du pèlerinage de Compostelle, que « le pèlerinage aide l'individu à se regarder en face, hors de son contexte habituel. C'est l'occasion unique d'une révision totale et d'un nouveau départ ».

Le Puy-en-Velay

Dimanche 14 mai 1995. Il pleut. Suivies depuis le réfectoire du monastère de la Providence, les averses se succèdent, escamotant la rue et les maisons d'en face. Le jour se fait alors gris sombre, les vitres des fenêtres ruissellent, le ton des conversations décroît. Selon les scouts de la table voisine, la journée « en sera ». Il faudra donc faire avec.

« Vous avez l'habitude ? »

Quelle habitude ? Celle de l'intempérie ? Cela fait plus de vingt ans que je marche, le long des routes, drailles et sentiers. Comme mes confrères en chemins, j'ai tout connu et supporté, pluie, brouillard, neige ou grêle, sans oublier soleil déraisonnable et vent fou. M'y suis-je pour autant accoutumé ? Matin de départ. Le premier de ce périple qui, sur le papier, en compte une soixantaine. Dire que l'émotion est au rendez-vous serait exagéré. Pour ce qui me concerne, tout au moins. Pour les autres, je ne sais pas. Les autres : Georges, professeur en rupture de faculté, Michel, journaliste québécois, et Gisèle, mon épouse. Quatre adultes qui, sans se connaître, se sont reconnus et assis à la même table. Quelques mots échangés, banalités météorologiques.

« Sur les hauteurs il neige. »

Ce n'est pas vraiment une surprise. Pour le reste,

trois ou quatre broutilles et beaucoup de silence. L'heure n'est pas aux confidences. L'esprit est ailleurs, à mille lieues de ce réfectoire et de la ville, loin d'hier, d'aujourd'hui, et de demain, prisonnier d'un nom où s'enracine l'histoire de l'Europe : Saint-Jacques-de-Compostelle. Au moment où nous bouclons nos sacs, mille six cents kilomètres nous séparent de cette cité d'Espagne. Soit, pour un marcheur entraîné, deux mois et des poussières de cheminement quotidien. Quand tout va bien. C'est-à-dire quand le temps n'est pas trop compté, et que les coups durs sont absents. Sinon, bien sûr, l'estimation s'alourdit d'autant, faussant les comptes de façon irréversible. Reste que l'on peut se rendre à Compostelle par des moyens plus rapides — cheval, bicyclette, automobile, bateau, train ou avion —, mais l'on se prive alors d'une vertu essentielle de cette démarche si particulière qu'est la pérégrination : la lenteur. D'entrée de jeu, Michel sait que ce luxe lui fera défaut, la vingtaine de jours dont il dispose lui permettant tout juste de rallier — clin d'œil à la ville d'où il vient — Montréal-du-Gers.

Lorsque nous partons, le soleil fait briller les toits de tuiles oranges et rouges du Puy-en-Velay, tandis que fume l'asphalte du trottoir. Avant d'atteindre les hauteurs où s'ouvre le plateau du Velay, nous avons perdu nos compagnons et retrouvé la pluie. Commence alors le règne du chemin, dont le dictionnaire prétend que c'est une « voie étroite qui, suivant les accidents de terrain, permet d'aller d'un lieu à un autre ». Sous ses airs de draille vieille comme la transhumance, la Via Podiensis sur laquelle nous nous engageons ressemble trait pour trait à cette définition.

C'est elle que suivit Godescalc, évêque du Puy, lorsqu'il partit en 950, ou 951, vers ce qui n'était encore qu'une ébauche de gros bourg : l'ancien champ de l'Étoile, Campus Stellae, en passe de devenir Compostelle, dont il contribuera à faire Saint-Jacques-de-Compostelle. Qu'un prélat en charge d'un diocèse important s'investisse dans une aventure aussi déraisonnable ne manque pas d'étonner. Qu'allait-il donc user sa vie sur ces mauvais tronçons de voies romaines, dont on ignorait ce qu'elles devenaient, passé les Pyrénées ? Constater. Se rendre compte de la réalité de ce que la rumeur colportait à travers la chrétienté, à savoir la découverte, dans un champ de ronces situé au bout du monde, d'un tombeau contenant la dépouille de l'apôtre Jacques le Majeur. Rumeur qui, Godescalc le sentait bien, n'en était pas tout à fait une. Trop précise et déjà trop ancienne pour s'apparenter à une fable. D'ailleurs, Godescalc est un intellectuel, un homme sachant faire la différence entre l'excès d'une parole enjolivée et les mots de la conviction. Ses doutes — à supposer qu'il en eût — sont vite battus en brèche, trop d'indices concordent, allant dans le sens d'une révélation divine. À ceux qui s'étonnent il n'a aucun mal à rappeler le rôle de prédicateurs des apôtres.

Ce sarcophage, rappelons-nous, a été découvert en l'an 813, à moins que ce ne soit 831. On ne sait plus, mais qu'importe les dates, puisqu'il est là, visible de tous et déjà objet de dévotion. Plus d'un siècle s'est écoulé depuis cette révélation sans que la chape de silence qui l'entoure soit levée. Pourquoi ? Godescalc n'ignore pas que, portée par les pèlerins, la ferveur populaire a déjà adopté ce corps saint, lui accordant *ipso facto* une reconnaissance officielle jugée trop lente. Pourquoi un apôtre, et pourquoi si loin de tout, dans ces terres perdues de Galice difficiles à atteindre et, qui plus est, occupées ou menacées de l'être par les musulmans ? Ces questionnements sont les miens, homme d'un siècle où le doute s'impose en toute chose, et où la plus simple vérité doit se barder de trente preuves pour sembler crédible. Godescalc et ses contemporains ne connaissent pas ces affres. Évoluant dans un monde où le fabuleux est partie intégrante du quotidien, ils croient ce qu'ils voient, inscrit dans la pierre des églises, ou dans le firmament, dans le signe ou son absence, partout où se manifeste une parcelle de ce que chacun s'accorde à reconnaître comme étant de volonté divine. Dès lors, pourquoi pas dans ce tombeau d'Espagne ?

Godescalc écoute et se persuade. Les mots, c'est bien connu, pèsent leur poids, mais moins que les silences, le trouble et les hésitations de ceux que reçoit l'évêque. Petit peuple dépenaillé, paysans, commerçants, artisans. Obsédée par la Terre sainte, la noblesse ne s'est pas encore mise en route vers l'extrême ouest du continent européen. Godescalc accueille donc ces mendiants de Dieu, que l'on appelle aussi les routiers du ciel, avant de devenir *los vagabondos de Dios* ; il les accueille, les écoute et sait d'emblée, à leurs regards définitivement brûlés, qu'ils ont approché l'indicible. Sa décision est prise, il se rendra en Galice où, lui dit-on, le roi des Asturies Alphonse II a déjà fait édifier une basilique sur le lieu de la révélation. Parle-t-il de son intention au pape ? Nous ne le savons pas, et sans doute n'a-t-il pas d'obligation en ce sens.

L'expédition s'organise. Le mot n'a rien d'exagéré ; lettré, Godescalc entend ne rien laisser au hasard. Il veut prendre son temps, voir, comprendre, se faire expliquer ce qu'il découvre, et relater les péripéties de ce voyage. En fait, lorsqu'il quitte sa cathédrale du Puy-en-Velay, quatre-vingt-quinze personnes l'accompagnent. Parmi elles, des membres du clergé, des barons, des sénéchaux, des troubadours, ainsi qu'une escorte militaire qui compte archers, cavaliers et lanciers. À n'en pas douter, cet évêque est un esprit curieux, et peut-être frondeur face à la papauté qui, bien qu'informée de ce qui se passe en Galice, se tait depuis le premier jour. Sans doute est-ce moins la matérialité du tombeau qui suscite cette réserve que son contenu spirituel supposé : la dépouille de Jacques le Majeur, fils de Zébédée et de Marie-Salomé, frère de Jean l'Évangéliste, l'un des premiers compagnons du Christ. La stature du personnage est préoccupante pour Rome, ville sainte des martyrs chrétiens, vers laquelle, dans les temps de paix — hélas de moins en moins nombreux —, les pèlerins affluent. Pierre et Jacques, pas plus que Paul, ne peuvent entrer en conflit d'intérêt détourné, mais il n'empêche que l'expectative papale se conçoit. Elle serait même compréhensible si elle ne durait depuis si longtemps, cent quarante ans lorsque Godescalc quitte Le Puy.

Mille quarante-quatre ans plus tard, suivant les méandres du GR 65, faux cousin de l'antique Via Podiensis étouffée sous le goudron, nous retrouvons le plateau du Velay. Premiers lieux-dits, premiers souvenirs ; nous sommes passés ici en juin 1990, ne marchant ni vers l'Espagne ni à plus forte raison la Galice, mais en direction de l'Aveyron, et de Conques *. Sentier de randonnée, chemin de Saint-Jacques. Oui, et alors ? Compostelle ! me disait-on. Compostelle, bien sûr, mon topo-guide en témoignait, certaines signalisations également. Mais le mot ne recouvrait-il pas un mythe ? L'un de ces lieux légendaires inscrits dans la mémoire collective, et tellement nécessaires au grand rêve d'absolu de l'humanité ? Restait la question de fond : Compostelle

* Voir *Retours à Conques,* Payot, « Voyageurs », 1993 ; réédition « Petite Bibliothèque Payot », 1995.

pourquoi ? Certains le savaient. La grande majorité sans doute. J'étais de l'autre camp, celui des ignorants, pour qui le mot de pèlerinage relevait d'une histoire enfouie, voire d'un certain folklore. Certes, vingt ans de flâneries romanes, balisées par les volumes des éditions Zodiaque et guidées par la voix de Raymond Oursel, auraient dû me rendre plus curieux. Mais c'est ainsi, et lorsque je m'éloigne du Puy en cet été 1990, le pèlerinage — et Compostelle en particulier — me semble plus daté que les guerres puniques.

À cela s'ajoutait une étonnante inculture religieuse. Que celle-ci fît partie de l'héritage familial ne fait aucun doute, mais je pense qu'en plus j'avais mis du mien pour évacuer de mon quotidien les « choses de l'église ». Chez nous, nous n'étions pas, loin s'en faut, du bord des « curés ». L'expression recouvrait d'ailleurs moins le clergé dans son ensemble que les bien-pensants, grenouilles de bénitier et autres calotins. Politesse et respect voulaient que prêtres et religieuses fussent salués avec déférence, alors que l'on se gaussait ouvertement des « curetons ». Pour le reste, si Dieu était absent — je ne me souviens pas d'avoir entendu mes parents en parler —, il ne convenait pas de le remettre en cause. Crucifix, rameau de buis et images pieuses avaient leur place dans la maison, où mon père n'aurait jamais entamé un pain sans avoir au préalable tracé une croix dessus. Bien entendu on se mariait à l'église, où les enfants étaient baptisés, et nul ne se serait soustrait à l'extrême-onction. Ce n'était pas de l'athéisme ni de l'irréligion, plutôt un manque d'intérêt teinté d'un rien de dédain. La spiritualité bretonne est trop complexe, trop chargée d'attentes et de symboles, d'espérances aussi, pour rejeter ou nier la réflexion métaphysique ou religieuse de l'individu. Avec le recul, il me semble que l'indifférence au sacré de mes proches s'apparente à une sorte de syncrétisme où la greffe chrétienne, et catholique, éprouvait quelques difficultés à s'épanouir sans l'aide de superstitions héritées d'un autre temps. Même s'ils ne justifient rien, de tels antécédents expliquent que c'est en parfait agnostique, peu curieux de la geste pèlerine, que j'emprunte ce jour de juin le chemin dit de Compostelle.

« Ce chemin nous l'avons défriché mon mari et moi en compagnie de quelques autres dans les années soixante-dix, après avoir consulté les archives, puis nous l'avons balisé. Nous l'avons en quelque sorte ressuscité, avec l'accord de la Fédération française de randonnée pédestre, grâce à l'Association nationale des amis de Saint-Jacques présidée par René de La Coste-Messelière. Ensuite, mon mari et moi avons eu envie de le suivre, ce sentier que nous venions de réveiller. Et c'est ce que nous avons fait, bien au-delà de la Haute-Loire, puisque nous sommes allés deux années de suite à Compostelle. Si vous me demandez pourquoi je me suis consacrée à ce chemin plutôt qu'à un autre, je vous dirai que je ne sais pas. Mais il est vrai que je suis née à Rignac, village situé sur le chemin, et que forcément mes ancêtres ont eu affaire aux pèlerins. Sans doute les ont-ils écoutés, reçus, même. Rien ne dit que l'un de mes aïeux ne les a pas suivis. Qui sait ?

« Je suis donc allée en 1972 à Compostelle, et en 1973. Quels souvenirs ! Il n'y avait alors personne sur ce chemin, les gens qui nous voyaient passer nous prenaient pour des fous et ne se gênaient pas pour nous le faire savoir en portant leur index au front. Des fous, oui, mais moi j'ai toujours bien aimé saint Jacques. D'aussi loin que je me souvienne, dès l'enfance, ce fut mon préféré parmi les apôtres. Alors…

« Si l'on en croit les Évangiles et les Actes des

Apôtres, c'était quelqu'un d'énergique, un fonceur, que Jésus appela le "Fils du tonnerre". Vous vous rendez compte ? Cela me plaît bien, parce que moi aussi je fonce, de façon réfléchie quand même, mais enfin, je vais de l'avant pour être utile. Parce que je vais vous dire, tout ce que l'on fait généreusement fleurit, tout ce que l'on fait égoïstement pourrit !

« Aujourd'hui ce chemin est très fréquenté. Tant mieux ! Cela répond à un phénomène de société. À mes yeux, et je peux le dire en connaissance de cause puisque j'ai quatre-vingt-quatre ans, les gens se lassent de ce qu'on leur donne sans contrepartie. Ils ont besoin de rompre avec toute cette notion d'assurance, d'assistance, où on les confine. Ils ont besoin de se prouver qu'ils peuvent vivre pour eux, et par eux-mêmes. Mon souhait est que chacun y trouve sa joie. Sans la joie on ne fait rien de bon. Même si demain il y a un million de pèlerins sur ces chemins, dites-vous bien qu'il n'y en aurait pas deux à avoir la même vision des choses, mais que tous, ou presque tous, pourraient partager la même joie. C'est du moins ce que je souhaite. » (Raymonde Rodde, Le Puy-en-Velay.)

Combien furent-ils, ces pionniers, à croire dans le proche avant-guerre à l'inconcevable succès de la randonnée pédestre ? Et ensuite, en 1947, lorsqu'il fallut reprendre le balisage effacé, retaper ou consolider les quelques refuges sinistrés ? Quelques-uns, peu nombreux sans doute, mais tout de même assez, puisque multipliés par d'infinies bonnes volontés. La France possède aujourd'hui près de deux cent mille kilomètres de chemins balisés Grande Randonnée, dont celui sur lequel je me trouve sans trop savoir pourquoi. Pourquoi en effet suivre de nouveau, pour la deuxième fois, à quelques années d'intervalle, cette draille plutôt qu'une autre ? À ceux qui m'interrogent, je dis que c'est pour voir. Réponse bâtarde qui ne trompe personne et surtout pas moi. Dans mon for intérieur je m'étonne qu'on ne s'étonne pas. Qu'on ne me demande pas d'expliciter. Heureusement, d'ailleurs, car dans la confusion où je me trouve je ne sais ce que je pourrais répondre. D'autant que c'est moins pour voir que pour comprendre que je suis là. Pour percer, ne serait-ce que de façon infime, le mystère de ce chemin. Autrement dit tenter de comprendre l'incompréhensible. Pourquoi partir et pourquoi ce chemin ? À Foulques Néra, comte d'Anjou, qui l'entretenait de son désir de se rendre à Compostelle, Hildebert, évêque du Mans, répondit qu'il ferait « mieux de rester chez [lui], dans [son] palais, à remplir les devoirs de [son] état : rendre la justice, protéger les églises et les pauvres ». Bien que datant de 1123, cette réponse conserve je ne sais quoi de très contemporain. Pour le moment je me tais et marche, comme je marcherai jour après jour, seul, en couple où en groupe, suivi et inlassablement accompagné de ce POURQUOI dont j'aimerais tant m'affranchir.

« Ce chemin, je l'ai découvert en 1990, année de ma retraite. Après quarante ans d'exercice de la médecine, j'ai éprouvé la nécessité d'une coupure radicale. Connaissant la liberté qu'offre la randonnée pédestre, et comme le chemin de Compostelle me fascinait depuis longtemps par sa dimension mythique, je m'y suis engagé. C'est aussi simple que cela. J'ai été élevé dans une famille catholique très pratiquante, mais enfant, ai-je vraiment eu la foi ? Je n'en suis pas si sûr... En vieillissant, j'ai cherché à approfondir ma connaissance de la religion, de l'Église, et plus généralement des mystères du monde. C'est le scepticisme qui l'a emporté. J'étais agnostique — celui qui ne sait pas. Depuis longtemps j'avais abandonné toute fréquentation des églises, ce n'est donc pas avec un esprit pèlerin, au sens où on l'entendait au Moyen Âge, que j'ai abordé ce chemin. Et puis j'ai assisté à la messe des pèlerins à Roncevaux, et c'est avec étonnement que j'ai vu une bonne partie de l'assistance venir me serrer gravement la main, en m'adressant la formule que je devais entendre si souvent par la suite : "Priez pour moi à Compostelle." Il faut dire qu'en 1990 nous n'étions pas bien nombreux sur le chemin, peut-être cinq ou six ce jour-là, et encore ! Le cheminement a fait le reste, c'est-à-dire m'a conduit à une réflexion personnelle de fond, en m'interrogeant sur le sens de ma démarche. Force m'a été d'admettre que je n'avais pas à avoir honte de mon éducation religieuse, et qu'au contraire le déclin actuel de l'Église ne pouvait être que regrettable. Mon retrait de l'Église m'est apparu alors, sinon comme une lâcheté, du moins comme une ingratitude envers des valeurs universelles qui auraient mérité plus d'attention et de respect de ma part. Progressivement je me suis jugé, selon la formule de Guillemin dans son livre *L'Affaire Jésus* *, comme un rat quittant le navire avant le naufrage. Bon, maintenant, saint Jacques à Compostelle, la chose me paraît bien improbable. Mais cela a-t-il de l'importance, une légende pouvant avoir plus de poids que certaines réalités ? Saint Jacques, c'est peut-être une image virtuelle, mais alors beaucoup plus forte que celles que nous fabriquons aujourd'hui sur nos ordinateurs.

« En conclusion je dirai qu'en allant à pied à Compostelle, bien plus qu'une marche, c'est à une démarche que le chemin m'a soumis. C'est pourquoi, depuis, les autres randonnées et GR me semblent d'une affligeante banalité. Car comment oublier, en

* Henri Guillemin, *L'Affaire Jésus*, Seuil, « Points Essais », 1984.

Espagne, ces gens souvent âgés, hommes ou femmes, venant au-devant de toi pour t'offrir une pomme, une poignée de noix ou des tomates, avec la gravité de celui qui accomplit un devoir sacré, et ce boulanger qui refuse d'être payé de sa brioche parce que tu es *peregrino* ? Enfin je n'oublie pas les églises où les ors, autrefois orgueilleux, ternissent lentement, et où les messes sont chuchotées comme des prières désabusées de fin d'un monde. Je suis retourné à Compostelle en 1993, 1995 et 1998. J'ai également suivi au printemps 1997 la Ruta de la Plata * entre Séville et Compostelle. La vérité m'oblige à dire qu'il s'agissait dans ce dernier cas plus d'une randonnée que d'un pèlerinage, compte tenu de l'absence de hauts lieux jacquaires, et de l'ignorance en la matière de la plupart des gens rencontrés. En revanche l'accueil fut extraordinaire, chaleureux et fraternel. En passant dans les villages d'Andalousie et d'Estrémadure, étrangers et piétons, nous flattions les habitants, et cela se traduisait par des scènes étonnantes. Aussi paradoxal que cela puisse paraître, malgré tous ces pèlerinages, toutes ces marches vers un lieu saint, je suis toujours agnostique. Mais j'ai repris le chemin de l'église pour témoigner, au moins par ma présence à la messe dominicale, de mon attachement, au moins culturel, aux valeurs du message chrétien... » (Jean-Marie T., Morlaix.)

De lieux-dits en villages, de souvenirs en découvertes, cette première journée sera pluvieuse, neigeuse, venteuse et froide. Comme le seront les quatre suivantes. Souvenirs. À Saint-Privat-d'Allier, Gisèle et André Busson, voisins, amis et pèlerins

* Route de l'Argent : voie romaine puis musulmane reliant l'Andalousie à la Castille. Également ancien chemin de Compostelle.

cyclistes de Compostelle nous attendent pour nous encourager. Tandis que le lendemain, à Saugues, Marinette Itier, affectueusement connue sous le nom de « bonne mère des jacquets », s'exclamera en nous voyant sortir du chemin des Roches, trempés et frigorifiés :

« Grand Dieu, mes pauvres, sur ces chemins, à nos âges ! »

Si ma mémoire est bonne, une jeune femme rencontrée le même jour près de Rochegude nous dira qu'elle part vers Santiago. Pour se libérer. Respirer un bon coup. Oublier le trop-plein d'emmerdes qui ne la rattraperont pas de sitôt. Et ce seront peut-être ces mots de contrebande qui décideront de ce livre. Le soir, à la table familiale de la ferme des Roches, nous écouterons Marinette et sa fille, Brigitte, parler de ces hommes et femmes venus d'Europe, et d'ailleurs...

« S'il n'y avait que l'Europe, mais il en vient du monde entier ! Aujourd'hui, Compostelle c'est ça, des gens du monde entier qui marchent sur des chemins de pays. Et sur les nôtres, bien sûr. Qui aurait pu imaginer cela il y a vingt ou trente ans, je vous le demande ? »

Pèlerins, ombres passantes, qui parfois s'arrêtent ici, le temps d'une pause, autour de cette table d'accueil où, comme hier, ce soir et demain, la soupière fume.

« C'est en 1971 que les premiers pèlerins nous sont arrivés. Ils étaient trois. Trois hommes, deux dans la quarantaine et un plus jeune. Il y a de cela vingt-sept ans, pourtant je les vois encore arriver. Il y avait du brouillard, il faisait froid, et ils n'en pouvaient plus. L'un d'entre eux avait les pieds en sang. Ils nous ont demandé la permission de s'installer dans la grange, ce que nous avons accepté sans trop savoir qui c'était. On leur a donné du lait et des bricoles, ils ont fait de la soupe sur un réchaud. J'aurais dû les inviter chez nous, mais c'était tellement nouveau que je n'y ai pas pensé. Le lendemain matin, je leur ai demandé jusqu'où ils comptaient aller dans l'état où ils étaient. "Jusqu'à ce que nous n'en pourrons plus madame", m'a répondu le plus jeune. C'est là que j'ai appris qu'il y avait un prêtre parmi eux. Je n'ai jamais su lequel.

« L'année suivante nous en avons reçu d'autres, puis d'autres, et aujourd'hui c'est presque tous les jours, sauf l'hiver, et encore il y en a qui arrivent même sous la neige ! Alors qu'ici la neige peut être dangereuse, sur les hauteurs du Sauvage surtout, eh bien il y en a quand même à se risquer ! Vous savez, les pèlerins, il faut bien les accueillir, cela leur fait du bien, les réconforte et porte chance à ceux qui les reçoivent. Le mois dernier, deux Hollandais m'ont dit : "Madame tous les pas sur le chemin de Saint-Jacques sont des prières. Nous prions pour la paix, pour les malades, les malheureux, les désespérés et ceux qui accueillent." J'ai été très émue d'entendre cela. Vous savez que lorsqu'un pèlerin se perd, il retrouve son chemin dès l'instant où il invoque saint Jacques ? Si ! C'est prouvé. D'ailleurs, l'an dernier, une dame qui s'était perdue sentait que son sac devenait lourd, lourd, au point de ne plus pouvoir le supporter. Elle prie saint Jacques, retrouve son chemin et le sac reprend son poids normal. Alors ? Fin janvier nous avons reçu un jeune homme de vingt-sept ans sur le chemin du retour. Il s'était arrêté chez nous à l'aller. Il venait d'Auxerre et se disait randonneur. L'église n'était pas sa préoccupation, saint Jacques non plus. Et puis soudain, à Conques, lors de la bénédiction des pèlerins, il a senti qu'il n'était plus randonneur. Qu'il fallait qu'il poursuive. À Compostelle, il a décidé de revenir chez lui à pied. Vous vous rendez compte ! Et c'est ce qu'il a fait.

Aujourd'hui il vit en Pologne où il est ingénieur, et il nous donne de ses nouvelles de temps en temps.» (Marinette Itier, Saugues.)

«J'ai ouvert mon gîte en 1993, et je constate que le nombre des pèlerins augmente chaque année. Peut-être que ce ne sont que des randonneurs — allez savoir ? — et c'est vrai que la plupart s'arrêtent à Conques ou à Moissac, mais ils sont de plus en plus nombreux. Jusqu'où cela ira-t-il ? On se le demande. Il faudra bien que cela se tasse. Certains de ceux qui passent disent que ce sera après l'an 2000, mais personne ne sait réellement. Pas plus qu'on ne sait aujourd'hui ce qui pousse tous ces gens à partir. Sur un autre plan, je vous dirai que pour le pays tout ce passage s'est montré bénéfique, ne serait-ce que dans les mentalités. Au début chacun se méfiait, regardait derrière ses rideaux. Ensuite ils ont parlé avec les marcheurs. Aujourd'hui ils offrent de l'eau et sont même prêts à proposer une chambre, ou à manger en cas de nécessité. Cela s'est vu. C'est important pour la mentalité.» (Brigitte Martins, Saugues.)

La pluie et le froid de nouveau. Dans une heure, sur les hauteurs de Saint-Roch, averses de grêle et de neige se succéderont. Parlé avec un paysan à Villeret-d'Apchier. Est-ce le même qui, un beau soir de septembre, trois ans plus tard, alors que nous reviendrons du Domaine du Sauvage vers Saugues, nous interpellera sous le motif que nous sommes les seuls à suivre le chemin en sens inverse ?

«Tous les jours j'en vois passer, français et étrangers, un de ces nombres ! Pour vous dire, j'en ai compté un jour jusqu'à deux cents. Une vraie débâcle ! Je me disais que la guerre était peut-être bien déclarée, là-bas, en haut ! D'autant qu'on en voit jamais revenir, à croire qu'ils se font péter sur ce chemin, ou qu'on les zigouille un peu plus loin. Mais ça se saurait. En tout cas, vous êtes les premiers que je vois dans ce sens. Vous vous êtes peut-être bien trompés. »

Commentaires goguenards, confortés par les rires de deux comparses satisfaits d'avoir piégé deux de ces traîne-savates qui, manifestement, n'avaient rien de bien sérieux à faire chez eux. Domaine du Sauvage, villages des Roches, Saint-Alban-de-Limagnole, Aumont-Aubrac, Prinsuéjols : deux longues étapes rendues difficiles par la pluie et le froid. Rencontré un couple d'Allemands, partis de Suisse. Un peu perdus et assez fatigués. Ce qui fait que je n'ai pas osé les questionner sur le motif de leur présence, ni n'ai compris pourquoi, arrivés à Aumont-Aubrac, ils ont pris le train pour Paris.

Rieutort-d'Aubrac, Montgros, Nasbinals, traversés sous une pluie glaciale. Un peu absents de nous-mêmes, prêts à franchir le seuil invisible qui nous fera si rapidement pèlerins.

« Je suis devenu un peu bizarre ; je n'ai souci de rien, rien ne m'occupe, rien de ce qui est extérieur ne me retient, je voudrais être toujours dans la solitude *. »

Puis c'est le brouillard qui nous contraint à gagner Aubrac en longeant la départementale. Hôtels et gîte fermés nous obligent à descendre vers Saint-Chély-d'Aubrac.

Sommes-nous toujours sur le chemin de Godescalc, comme certains auteurs, suivis ou précédés par les élus locaux, nous l'assurent ? J'en doute, ne serait-ce que pour la difficulté — sans parler de l'insécurité — que devait représenter au xe siècle la traversée des forêts de Margeride et d'Aubrac. On dit

* Anonyme, *Récits d'un pèlerin russe*, Seuil, « Points Sagesse », 1976.

qu'il passa au nord de Nasbinals, par Saint-Urcize, venant de Grandvals. Peut-être. Toujours est-il que des communes le revendiquent. Ce qui n'est pas une preuve. En fait d'itinéraire historique, nous en sommes réduits à des hypothèses d'orientation. L'esprit y gagne en liberté. C'est bien. Sauf pour les obsédés de la trace authentique, prêts à remuer ciel et terre pour trouver l'introuvable : l'irremplaçable petit bout de corne d'un sabot de l'ânesse épiscopale ! Tout cela n'est pas très grave et n'empêche pas d'aller son chemin, même si celui-ci se fait de temps à autre sérieusement malmener. Car si le renouveau compostellan a ressuscité le pèlerin, il a aussi réveillé de vieux instincts de commerce frelaté dans certains villages, où je suis prêt à parier qu'au cours des onze derniers siècles on ne vit jamais l'ombre d'un pèlerin.

Poursuivre. Descendre vers le sud. Déjà les fermes ont perdu de leur austérité, fenêtres sans barreaux, cours ouvertes, façades plus claires. La pierre de flammes et de nuit, sombre minerai volcanique, cède la place au schiste, comme il le fit déjà au granit. Dans moins d'une dizaine de jours, la tuile et le grès annonceront la vigne. Nous serons alors sur l'autre versant de notre projet, en marche vers la civilisation de l'olive. Poursuivre, ce mot me plaît et me convient, ne serait-ce que pour l'action qu'il dissimule à peine : suivre pour atteindre. À moins que je ne préfère cette autre définition, relevée au hasard d'une lecture : joindre en cheminant. Et si, au bout du compte, il n'y avait rien à attendre de cette fuite déraisonnable vers l'ouest ?

« Petit à petit, j'ai su que j'étais foutu. Je n'avais plus que cette idée-là en tête. Ça montait, ça montait, incroyable ! Un jour je me suis dit : faut y aller... C'est comme cela que je suis parti. Pour qui ? Pourquoi ? J'en sais rien ! Fallait que j'aille. Alors me voilà. Je suis parti de chez moi, près de Cahors. J'en ai parlé au curé de mon village. Il n'était pas d'accord. Fais gaffe, il m'a dit, tu fais peut-être une connerie. M'en fous ! je lui ai répondu, j'y vais ! Mais, entre nous, j'aimerais bien savoir ce qui m'attend, là-bas. » (Arthur M., Cahors.)

À trois jours de Santiago, Arthur me dit tout haut ce que les autres ressassaient en silence. « Qu'est-ce qui m'attend là-bas ? » À moins que ce ne fût : « Qui est-ce qui m'attend, là-bas ? » Difficile de discerner, dans la confusion d'un regard qui s'affole, l'interrogation spirituelle, religieuse ou mystique, du regret d'atteindre, de toucher au but. Par respect, je me gardais de prononcer les mots arrivée, terme, arrêt, ou tout autre marquant une conclusion. Pourtant, quoi qu'il fasse ou dise, à moins de rebrousser chemin, Arthur allait atteindre ce vers quoi il s'était mis en route. Cette cité prestigieuse de la fin des terres qui, dans les plus mauvais jours, lui avait semblé inaccessible. Retraité de l'agriculture, il n'était jamais sorti de sa région — exception faite de son service militaire. C'est peut-être pourquoi, « libre de tout et du reste », il avait marché en « tirant long ». Sous-entendu, en allant visiter des cousins domiciliés dans le Sud-Ouest.

« Je les ai même aidés, à l'occasion. Plus tard, il y a un type, rencontré à Burgos, qui m'a dit que je n'aurais pas dû. Qu'un pèlerinage ne s'arrête pas. Il y aurait même une loi, ou une règle, qui le dit. Je l'ignorais. Et mes cousins, eux, me nourrissaient. Et puis, après tous ces jours de vadrouille, le travail de bras m'a fait du bien... Me reposait, en quelque sorte. »

Dormant au hasard la chance, entre gîtes, granges, maisons abandonnées, ou à la belle étoile, il avait suivi le sentier « comme tout le monde », en se demandant chaque jour si c'était bien le bon. Notre rencontre eut lieu un matin de juin 1997 à Portomarín, où je participais à une réunion internationale des journalistes du chemin de Compostelle. Nous y traitions du Camino de façon théorique, à cent mètres d'une réalité on ne peut plus concrète : le pèlerin, dont je rencontrai, surgi du fond des âges, l'archétype le plus parfait. Que valaient, face à cet homme en marche, notant sans le moindre commentaire sur un calepin usé les noms des villes et villages traversés pour se souvenir après, nos discours d'intendance ? Nous nous quittâmes à la sortie du village. Passé le pont qui franchit l'Arroyo de Torres, il disparut dans la végétation. Depuis cette minute, il marche dans mes souvenirs, « libre de tout et du reste », sur un chemin dont il doute parfois de l'authenticité, définitivement habité par l'angoisse diffuse qui accompagne l'accès aux lieux saints.

Au milieu du pont plusieurs fois centenaire de Saint-Chély-d'Aubrac, le pèlerin sculpté dans le fût du calvaire voit de nouveau passer ses compagnons. Certains lui parlent et le saluent, d'autres l'effleurent de la main, ajoutant le geste aux gestes, répétant le rituel du toucher de la pierre, si prégnant sur ce chemin. Il s'en trouvent aussi quelques-uns qui, trop absorbés ou le regard ailleurs, ne se doutent même pas de sa présence. Compagnon, *compañero* : celui qui partage le pain, le travail ou l'épreuve. De quel nom peuvent-ils se targuer ici, à cinq jours du départ ? Pèlerins, randonneurs, flâneurs, promeneurs ou passants ? Entre dit et non-dit, chacun se forge son image et ses titres.

« La distance ne fait rien à l'affaire. Le pèlerin, c'est celui qui va. Celui qui se met en chemin, vers Compostelle ou ailleurs, et qui marche, avec la foi si possible. Pérégriner six mois ou trois semaines, pour moi c'est pareil. » (Guy A., Montereau.)

Chemins détrempés et glissants. À mi-côte, la vue sur Saint-Chély est superbe. Combien de fois l'ai-je déjà contemplée depuis cet endroit propice à la pause ? Six ou sept ? Peut-être plus. Certainement pas moins. Pourquoi suis-je si souvent sur ce chemin ?

« Ce qui m'a fait partir ? Je n'en sais rien. Pourquoi Compostelle ? J'aime le vélo, et je m'étais dit : quand je serai à la retraite, je ferai une grande balade ; le tour de France ou Dunkerque-Nice. Et ce fut Compostelle qui s'imposa. Pourquoi ? Et pourquoi au fil des années l'idée de Compostelle, dont j'ignorais tout, est-elle devenue irrépressible ? Mystère. Arrivé à la retraite, j'ai commencé à lire sur le sujet. La nécessité de partir est apparue, vitale, incontournable. C'est bizarre, c'était devenu quelque chose d'obligé, rien n'aurait pu me retenir. J'étais littéralement "poussé dans le dos" par une force irrésistible. Va-t'en savoir pourquoi... Après, des gens qui croient en Dieu m'ont dit : "Tu étais appelé." Ça fait drôle d'entendre cela, parce que tu te dis : Pourquoi serais-je appelé ? Pourquoi moi ? Bien sûr, j'étais allé au catéchisme, j'avais fait ma communion. Sans plus, et l'existence de Dieu… Franchement j'étais plutôt sceptique… De là à être "appelé" !

« Parce que ce n'est pas évident, quand tu as soixante-deux ans, une vie de petit-bourgeois derrière toi, travail et revenus confortables, de te balancer comme ça sur la route. Là tu en prends plein la gueule. C'est la première grande leçon du chemin : une leçon d'humilité. Quand, avec ta dégaine de pèlerin, tu reconnais, un jour, dans les yeux qui se posent sur toi, ce regard apeuré, condescendant et méprisant qui est celui que l'on porte sur le clochard, le chemineau, tu te dis : J'ai eu moi aussi ce regard pour d'autres. Apprendre qui on est ! J'ai écrit à ma femme : "Tu sais, sur le chemin, j'ai fait la rencontre d'un gars pas aussi sympa, pas aussi fort, beaucoup plus petit que je le croyais. Plus con, également : c'est moi !" Et puis le chemin est devenu de plus en plus difficile, la fatigue, la solitude, mais tu as envie de gagner ton challenge, tu résistes à force d'orgueil, tu continues.

« Au bout de onze cents kilomètres, arrivé à Burgos, va savoir pourquoi, je suis allé directement à la gare, et je suis rentré chez moi. Sans me poser de question, sans pouvoir même en discuter avec moi-même. Un acte totalement en dehors de ma volonté. Tu te rends compte de la claque ! La honte ! Je suis rentré miteux. Pourquoi cet abandon ? Maintenant je suis certain que *Quelqu'un* m'a ordonné d'arrêter. Je ratais mon pèlerinage en me disant chaque jour : Vivement que cela se termine.

« Un an après, il a fallu que je me force un peu, mais je suis reparti de Burgos, et j'ai fini mon pèlerinage sur un nuage. Un chemin merveilleux, avec une joie immense, chaque jour plus intense, et au bout, arrivé sur la place de l'Obradoiro, un éblouissement formidable, une émotion indicible. Ce chemin est extraordinaire, il y a une magie du chemin. C'est une nation à lui seul, un pays de deux mètres de large sur deux mille kilomètres de long, et sur lequel tu trouves une population particulière, vivant un temps particulier, et où, en devenant profondément "jacquaire", tu découvres la signification du mot Amour. Au retour, je me suis dit : Il faut que tu repartes, pour ne pas oublier ce que tu as vécu. Il faut refaire ce chemin. Et je suis reparti, du Puy et à pied, à raison d'une grosse étape chaque année. Par ailleurs, je suis devenu hospitalier, pour mieux comprendre et aider les autres. » (Pierre K., Caen.)

Superbe village blotti au creux des contreforts d'Aubrac, Saint-Côme-d'Olt marque de façon informelle l'entrée en terres de Rouergue. Mis à mal par la rude traversée des plateaux, les pèlerins y furent accueillis pendant des siècles à l'hôpital Saint-Jacques, ainsi qu'au prieuré de Lévinhac, situé à quelques centaines de mètres, sur la rive droite du Lot. Lors de sa démolition, squelettes et coquilles Saint-Jacques furent trouvés sous les dalles de l'église. L'exhumation fut consignée, et nul, semble-t-il, ne trouva à redire lorsque les débris d'hommes et de mollusques furent confiés à l'oubli de la fosse commune. L'époque était au modernisme, aux idées nouvelles incarnées dans le progrès des sciences et de l'industrie, pas à ce genre d'histoires anciennes ! Ne jugeons pas, tournons la page. Combien d'esprits éclairés se souvenaient encore des pèlerins de Compostelle ? Juste retour des choses, aujourd'hui on se rappelle, et pour que demain ne soit pas de nouveau frappé d'amnésie, on cherche, décrit, écrit et archive. Quand on ne restaure pas avant de faire classer. Le renouveau d'intérêt dont bénéficie le pèlerinage y est certes pour quelque chose, et le fait de se trouver dans un lieu ou sur un itinéraire historique facilite sûrement la tâche.

Mais cela ne suffit pas, loin s'en faut, pour expliquer l'engouement auquel nous assistons pour ce pèlerinage et son histoire. Il n'est que de parcourir n'importe quel chemin jacquaire pour constater le nombre de communes se revendiquant de Compostelle. Offices de tourisme et syndicats d'initiative n'ont pas laissé passer la manne potentielle d'une résurrection annoncée ; signalisations et invites jalonnent les sentiers, égrenant une litanie d'hôpitaux pèlerins, stèles, collégiales, abbayes, fontaines ou simples carrefours frappés du nom de l'apôtre. Si l'opération n'est pas toujours dénuée d'intentions, elle ne saurait diminuer la valeur des recherches et de la mise en valeur du patrimoine, menées le plus souvent par les associations locales et nationales ou les sociétés savantes. Ce sont elles qui, contre vents et marées, ont veillé sur les décombres *a priori* consumés de cette prodigieuse histoire, et qui, le moment venu, soufflèrent sur les braises, confortées par l'irrépressible désir de reconquête d'une mémoire collective vouée aux gémonies par trois décennies de modernisme à tous crins.

Étonnante mémoire populaire, capable de maintenir vivants par la seule oralité bribes d'histoire et faits divers, et de leur rendre vie dans l'instant de la rencontre. Ainsi ce « mort de Compostelle », qui m'accompagna deux jours durant sur le chemin dit de « Bruges » ou des « Flamands » parcouru entre Saint-Léonard-de-Noblat et Rocamadour. Marchant sur cette route limousine dérivée de l'itinéraire de Vézelay, je me trouvais sur l'un des anciens chemins de Compostelle, et le savais. Je n'ignorais pas non plus que cet axe, tombé en désuétude, ne voyait plus guère de pèlerins. Pourtant, l'accueil de la population fut toujours chaleureux, et l'on m'identifia quotidiennement comme l'un de ces lointains « vagabonds de Dieu », pour reprendre la belle expression dont je fus gratifié, en d'autres occasions, par un paysan du Gers. Pèlerin sur un chemin abandonné des siens, j'allais donc, lorsque à l'occasion d'une pause un paysan se souvint d'un homme.

« Un type comme vous, qui allait là-bas et qui est mort chez nous. »

Le « chez-nous » englobait pour le moins l'espace du canton.

« On l'avait enterré dans une église. Pas bien loin sûrement, puisque mon grand-père avait vu la tombe.

— Quand ?

— Alors là... Il y a du temps. Avant la Révolution, peut-être bien. »

Sur une soixantaine de kilomètres, cette histoire me fut répétée trois ou quatre fois, toujours avec les mêmes approximations, puis disparut. Le pèlerin anonyme d'un siècle indéfini me quitta aux alentours de Donzenac, juste avant que l'on me signale, à Brive, la présence fort ancienne de deux sépultures jacquaires dans l'église Saint-Sernin aujourd'hui détruite. Plus que toute autre mort, celle du pèlerin, cet étranger qui passe, frappe les esprits. Mort anonyme, inhumé au plus près du lieu de son trépas, mort violente, injuste et par nature injustifiée aux yeux du sédentaire, qui ne peut que s'interroger sur la signification de la condamnation de ce nomade, d'avance sanctifié.

« Depuis longtemps je voulais faire un pèlerinage. Ne me demandez pas pourquoi Compostelle s'est imposé, je ne saurais vous répondre objectivement. Nous sommes partis à deux, en 1981, de la chapelle d'Harambeltz, qui se situe au carrefour de trois routes jacquaires. Nous mangions au restaurant une fois par semaine, et dormions dans les chaumes. Pour le reste nous nous accordions une journée de repos hebdomadaire, et disions la messe dans la nature. Bien entendu le chemin n'était pas balisé et il nous est arrivé de nous perdre. Une fois sur plus de cinquante kilomètres ! Mais vous savez, le pèlerinage doit être une aventure, un détachement de soi, autrement pourquoi partir, je vous demande ?

« Notre arrivée à Compostelle ne fut pas une jubilation. C'était une fin, je dirais provisoire, puisque symboliquement le chemin ne s'arrête pas. Mais l'arrivée à Compostelle marque une sorte de fin tout de même. Un but atteint. Ce qui compte pour moi sur ce chemin, c'est la marche. La marche et une idée, une émotion qui s'impose, une volonté qui, partie de la tête, descend progressivement vers le cœur. J'étais pèlerin, je quittais ma vie ordinaire pour aller au-devant de Dieu. Arrivés à Compostelle, nous avons prié, visité la ville, et nous sommes revenus assez vite.

« Cela m'a beaucoup aidé sur le plan spirituel et, aujourd'hui encore, cette expérience me reste présente à l'esprit. J'y pense, sinon chaque jour, du moins chaque semaine, parfois plus. C'est une expérience qui porte une empreinte profonde sur l'être, quelles que soient les motivations de départ. Vous savez, sur ce chemin, vous êtes porté, tout le monde le sait et le ressent, personne n'y échappe. C'est un chemin tellement vivant, onze siècles d'existence, des milliers et milliers de gens, des centaines de millions de pas, et les vôtres. Et les vôtres puisque c'est vous qui êtes là, dans les preuves tangibles de l'histoire. Il y a des choses très fortes qui vous arrivent. Je me souviens d'accueils chaleureux et d'autres qui l'étaient moins. Une fois nous avons demandé de l'eau à un homme. Sa femme lavait la voiture à l'aide d'un jet. Vous voyez ? Lui nous a refusé l'eau. De telles choses doivent s'accepter sur le plan spirituel, et se vivre de façon très forte. C'est la vie, tu avances au milieu de cela, bon, point final !

« Sur ce chemin je me suis rendu compte que le chapelet était vraiment une prière pour pèlerins, par son côté rythmique très prononcé, cadencé, cela aide beaucoup pour marcher, surtout dans ces conditions. Il faut bien comprendre que même chez les sédentaires les plus absolus, même dans un bureau la vie s'apparente philosophiquement, et donc spirituellement, à une marche. Aucun philosophe ne peut le nier, aucune religion non plus. Et cela ne concerne pas que les intellectuels, mais tout le monde. Aujourd'hui ceux qui partent recherchent, peut-être inconsciemment, peut-être pas, à se raccrocher à des valeurs comme le Moyen Âge, l'art roman ou que sais-je, en réaction à une société qui se perd en confusions multiples. On part, en pèlerinage ou ailleurs, pour avancer, et puis un jour on trouve quelque chose : on rencontre une vérité. Vous pouvez l'appeler Dieu ou comme vous voulez, c'est la vérité de l'être. Aller à Compostelle c'est aussi marcher vers l'ouest, vers la partie obscure de nous-même. Vous savez qu'au tout début de l'Église, on ne baptisait que les adultes. On les faisait se tourner vers l'ouest en leur disant : "Renonce à l'obscurité de ton âme." Vous m'accorderez que sur le plan des symboles ce n'est pas rien. Au cours des siècles, l'Église a perdu, sans doute par facilité, une part importante des symboles qui faisaient sa force et son assise. Aujourd'hui la plupart d'entre eux ne signifient plus rien, ni pour les croyants ni, de façon plus grave, pour le clergé. Or le symbolisme donnait à penser, de façon simple et sur l'essentiel. Que vaut une pensée privée de symboles ? » (Père Thérondel, Luc en Aveyron.)

Après une semaine de pluie, le printemps donne enfin de la voix. Convoitées par des milliers d'insectes bourdonnants, les fleurs d'acacia diffusent un parfum lourd, presque gras. Bonheur de marcher, de retrouver pays et chemins si souvent parcourus. À plusieurs reprises ces jours derniers, j'ai bavardé avec un homme rencontré dans un groupe d'une dizaine de personnes, parties du Puy. Il ne va pas à Compostelle mais à Conques.

« Pour remercier Dieu et sainte Foy de m'avoir sauvé d'un décès médicalement annoncé. »

Opéré quelques mois plus tôt d'un cancer, il marche, heureux au-delà de tout, radieux, émerveillé de voir, de sentir et d'être là, debout. Autant dire qu'il ignore le doute, les états d'âme et l'interrogation permanente. Il va, dans la joie, une joie qui n'est ni factice ni passagère, mais totale et permanente.

Pour avoir côtoyé le pire, ces heures de longue attente traversées de regards fuyants, décrypté la contradiction des réponses, il s'était, disait-il, « fait une raison ».

« Mais ma vraie raison à moi, c'était de vivre, pas de capituler... Maintenant je vous demande : seul, croyez-vous que je serais arrivé à vaincre ? »

Je ne sais ce qu'est devenu cet homme, dont j'ignore jusqu'au nom. Poursuivit-il, comme il l'envisagea un matin, son chemin au-delà de Conques ? Saura-t-il jamais qu'il m'arrive de parler de lui, de sa joie, de ce bonheur brut que dans un premier temps j'avais pris pour de la candeur ?

Souvenirs croisés. J'associe cette rencontre à celle d'Élise, quelques mois plus tard sur l'Aubrac, qu'elle traverse elle aussi en direction de Conques, en compagnie de sa sœur et son beau-frère. Cardiaque récemment opérée, assez lourdement chargée, elle marche, handicapée par un souffle rétif qui la contraint à de fréquents arrêts. Pays sans concessions, couvert de zones désertiques, comme le sera plus tard la Meseta, l'Aubrac ne se prive pas de malmener le plus robuste des bien-portants. C'est dire s'il peut se montrer exécrable avec les blessés du chemin, dont la liste s'ouvre sur l'ampoule et l'ongle incarné. Élise marche heureuse, et cela se voit à la sérénité du regard qu'elle pose sur ses compagnons et sur l'immensité du plateau, un regard apaisé, à cent lieues de l'angoisse. Pourquoi ? Comment ? Je l'interroge. Elle rit.

« Et que voulez-vous donc qu'il m'arrive ici ? J'ai confiance en ce chemin. C'est la raison pour laquelle je suis partie. Je suis convaincue qu'il ne peut rien m'arriver de mauvais... Et quand bien même cela serait, vous savez, entre une chambre d'hôpital et ce lieu extraordinaire, mon choix est fait... »

Reste à savoir si ce choix serait le même sur un autre chemin.

Matin de mai. Je me souviens d'odeurs de foin coupé, du Lot boueux et fumant coulant un peu vif, sous le Pont Vieux d'Espalion où, venus de Saint-Côme, Georgette et Pierre Vergnes nous prennent en photo. Une heure plus tard, la merveilleuse église Saint-Pierre-de-Bessuéjouls nous voit aussi émus qu'en notre première rencontre. À l'étage du clocher, la chapelle haute dédiée à saint Michel servit durant des siècles d'abri de nuit aux pèlerins. Parfois négligée par ceux qui, « tirant droit », préfèrent la départementale au chemin, elle est à mes yeux — avec l'église de Perse qui marque l'arrivée du GR à Espalion — l'un des joyaux romans de cet itinéraire.

Toutes deux datent du XIe siècle, temps proclamé de l'âge de la foi certifié par l'extraordinaire floraison, à travers l'Europe, d'abbayes, églises, monastères et couvents. À Compostelle, où les pèlerins affluent de plus en plus nombreux, l'église ravagée par El Mansour en 997 est en cours de reconstruction. Elle sera encore plus belle, et surtout plus grande, puisque depuis 1055 et la fin du califat des Abbassides chacun sait que les Lieux saints et Jérusalem seront désormais interdits aux chrétiens. Privés de Judée, les pèlerins regardent vers la Galice, Jacques fascine, l'Espagne fascine, le Camino Francés également. L'une des plus importantes migrations humaines de l'histoire européenne est en train de naître sous la férule de Cluny, qui, dans un même élan, associe les principaux lieux de culte français au grand pèlerinage jacquaire. C'est ainsi que Vézelay, Le Puy, Arles, Saint-Gilles-du-Gard, Conques, Tours, Poitiers, Rocamadour et d'autres comptent comme autant de hauts lieux incontournables sur le chemin de l'apôtre, tandis que Rome, où sont tout de même inhumés Pierre et Paul, périclite doucement.

Et si la prudence papale se révélait, après coup, prémonitoire ? Car si le pèlerinage est un acte religieux important, ses retombées sociales, culturelles et économiques le sont également. *Palméros,* montois, romieux, jacquets ou *jacobeos* : ce sont des dizaines, puis des centaines de milliers d'hommes et de femmes qui vont, viennent et commercent le strict nécessaire, peut-être, mais quotidiennement. Je sais que la grande majorité d'entre eux sont pauvres, mais des pauvres qui possèdent néanmoins quelque argent. Ne serait-ce que celui des intentions de prières reçues à leur départ. Et nul n'ignore que lorsqu'elles s'additionnent à l'infini les miettes de peu finissent par faire beaucoup. L'essor et le rayonnement des lieux de pèlerinage, comme leur fortune, viennent de ces offrandes. Il est donc facile de comprendre que la baisse de fréquentation ou le transfert de dévotion d'un site vers un autre risquent d'être lourds de conséquences. Compostelle s'inscrit dans une logique de fait : celle d'un pèlerinage « sauvage » dont la justification doit beaucoup plus à l'expression d'une volonté populaire qu'à une réalité historique, comme l'a fort bien souligné Jean Favier :

« Saint-Jacques-de-Compostelle, pour l'homme du Moyen Âge et pour ses successeurs, n'a pas été le grand pèlerinage que voulait la nature des choses, comme le voyage d'Orient, ou le voyage de Rome *. »

Il n'empêche que c'est lui qui, « par-delà l'horizon limité de mille pèlerinages entre lesquels s'inscrit le calendrier de piété populaire », attire le plus de monde sur les routes en cette fin du XIe siècle.

Lorsque nous arrivons à Estaing, la cité somnole

* Préface du catalogue de l'exposition sur Saint-Jacques-de-Compostelle, Partenay, 1976.

sous une lourde chaleur orageuse. Vieilles rues, belles demeures, hôtel Caron, église Saint-Fleuret. Sans être tout à fait chez nous, nous sommes en terre de connaissance. Pourtant ce ne sont ni le château ni le pont gothique qui nous retiennent, mais l'hospitalité Saint-Jacques où nous retrouvons Élisabeth et Léonard. Tous deux ont quitté une vie matériellement confortable pour ouvrir en mai 1992 un accueil pour pèlerins et pauvres de passage. Médecin, croyant non pratiquant, Léonard est guéri de coliques hépatiques dont il souffrait à la suite d'un pèlerinage effectué par son épouse, Élisabeth, à Notre-Dame-de-Cléry. Cette guérison le conduit à une profonde réflexion spirituelle au cours de laquelle le pèlerinage de Saint-Jacques-de-Compostelle s'impose. Accompagné de deux amis, il part donc en janvier 1990 de Saint-Léonard-de-Noblat en direction de la cité de l'apôtre qu'ils atteignent lors des fêtes pascales. La même année naît le 25 juillet (jour de la Saint-Jacques) le cinquième enfant du couple, qui se prénommera tout naturellement… Jacques. C'est alors que pour vivre un engagement au plus près de l'Évangile Élisabeth et Léonard décident de quitter leur existence confortable pour fonder, avec l'accord de l'évêque de Rodez, une communauté catholique ayant pour mission l'accueil et l'accompagnement spirituel des pèlerins, à Estaing, sur le chemin de Compostelle.

« D'aucun prétendent que j'ai changé en bien : j'en conviens mais ne saurais donner de ce changement une image radicale. Ceux qui prétendaient ne plus me reconnaître ne me connaissaient pas, en vérité. Nous sommes restés les mêmes, à quelques dégrossissages près. Le couple aussi. La famille aussi. Ce qui a changé c'est la présence du Christ reconnue parmi nous… Au fond, nous vivons toujours pour la même chose, mais auparavant nous nous escrimions sur de mauvais chemins, et désormais il semble que nous avons fait la rencontre décisive. “Nul ne va au Père que par moi. Je suis le chemin, la vérité et la vie” (Jean 14,5-6). »

Tous deux et leurs six enfants, rejoints par des compagnons et hospitaliers, accueillent pèlerins et blessés de la vie qu'Élisabeth appelle « nos frères de la route ». Dans cette communauté, on ne questionne pas.

« Ce serait vaine curiosité, la question obligeant le questionné. La plupart des pèlerins ne savent pas pourquoi ils partent et, s'ils croient savoir, n'ont pas forcément le désir de le divulguer. La question la plus difficile à admettre, c'est que Dieu nous a invités à faire ce pèlerinage pour nous rapprocher de lui. »

Communauté nouvelle d'Église, l'hospitalité reçoit comme recevaient en d'autres temps les ordres religieux du chemin.

« On leur propose de partager notre vie, c'est-à-dire la prière, le gîte et le couvert, dans la tradition chrétienne du partage, poursuit Élisabeth. Ils donnent ce qu'ils veulent. Le repas est souvent un grand moment de partage de leur découverte et de notre vie. Pour nous, c'est très riche. On reçoit des pèlerins de toute l'Europe dans ce bourg de quatre cents habitants, tous les âges, toutes les conditions, deux cent trente personnes la première année, cinq cent trente-six en 1994. »

Aujourd'hui, nous sommes les mille deux cent quarantièmes à signer le livre d'or*.

Reprise du chemin. Le GR longe le Lot avant de s'enfoncer dans les bois. Il nous faut couper au

* En 1997, plus de mille pèlerins ont franchi la porte de l'hospitalité.

maximum, trouver des raccourcis, économiser les pas dans cette étape qui sera longue, très longue. Trop longue. En 1990, nous nous étions arrêtés dans le très beau village de Golinhac, dont le calvaire s'orne, comme son cousin de Saint-Chély-d'Aubrac, d'un pèlerin sculpté dans le fût. Sur la seule foi de renseignements erronés, nous avons mis le cap vers Espeyrac. Résultat, huit kilomètres de plus dans une journée qui n'en méritait pas tant.

À l'hôtel nous retrouvons Michel, le Canadien, aussi usé que nous. Qu'est devenu Georges ? Dès l'instant où elle s'inscrit dans une durée, la marche génère un étonnant chassé-croisé entre gens rencontrés, perdus, retrouvés parfois à des semaines d'intervalle. Tous ceux qui sont allés à pied à Compostelle le savent pour l'avoir vécu dans l'omniprésence de « radio chemin », étonnante source de nouvelles sur ce qui se passe ou s'est récemment passé, à des kilomètres de distance. Parcelle de société transhumante, le pèlerin vit dans un faisceau de règles et de rituels indispensables à sa justification, comme à sa reconnaissance par les autres. Les autres, justement, les sédentaires qui voient passer, parfois devant leur porte, ces drôles de chemineaux et qui bien sûr s'interrogent. Je me souviens de ce fermier de Haute-Loire venu au-devant de nous pour saluer « ceux qui étaient pour Saint-Jacques » — dont à ses yeux nous étions forcément —, et l'associe à cet autre rencontré en Aveyron, qui avec d'autres mots et sous une autre forme prolongea, me semble-t-il, le même discours :

« Au début, je vous parle d'il y a quelques années, je m'amusais de voir passer les marcheurs au bout de mon chemin. Je vous dirai qu'il n'y avait pas que moi. On a fini par être du monde à rigoler. Tous ces gens chargés, soufflant, suant, il y avait de quoi rire un peu. Pas méchamment, hein, mais tout de même.

Nous on sait ce que c'est que de marcher dans ce pays, mais ceux de la ville… Et puis certains sont venus demander de l'eau. On a parlé. J'en ai même descendu à Conques en voiture. Fatigués, crevés, nettoyés, incapables de mettre un pied devant l'autre. C'est qu'ici c'est traître, le pays. Bon, à force de parler, j'ai mieux compris. Un jour, à Conques, après la messe, j'en ai dit deux mots au frère Renaud. "Accueille-les comme tes fils ou tes frères", m'a-t-il dit. J'avoue que maintenant je n'ai plus envie de rire d'eux. Au contraire. Aller à Compostelle, moi ? Jamais de la vie ! C'est trop loin. Même en voiture, avec d'autres. Non. C'est l'Espagne. Il fait chaud. Et puis il y a la langue. Non… À moins que… On ne sait jamais, un voyage organisé, par exemple, je ne dis pas. »

Conques

Dimanche 21 mai 1995. Il y a une semaine que nous sommes en chemin, et tout irait pour le mieux si le déjeuner traînant en longueur n'accumulait le retard, alors qu'une quinzaine de kilomètres nous séparent encore de Conques. Trop tard, trop loin, pour arriver avant la messe, le départ précipité ne sert à rien, et surtout pas à émouvoir la patronne qui répète que, Conques n'étant pas en sucre, nous avons toutes les chances de le trouver avant qu'il ne fonde au soleil ! Petite confusion à la sortie d'Espeyrac, où le GR se trouve dérouté vers Sénergues, avec trois kilomètres de plus à parcourir. Pourquoi ? Sommes-nous encore dans le sacro-saint discours du chemin historique ou dans le rapt commercial ? Il est évident qu'à un moment de son histoire Sénergues reçut des pèlerins et sans doute le chemin lui-même. Son donjon du XIIIe siècle est un argument, le château du XIVe également, sans parler de l'église Saint-Martin construite sur les ruines d'un prieuré mentionné dès 819. De là à revendiquer, aujourd'hui et de façon formelle, des droits sur un lot de balises…

Une fois de plus, masquée d'arguments pernicieux, la querelle d'appropriation d'un espace bat son plein sur le dos du passant. Sénergues n'est pas une exception. Ce n'est ni la première ni la dernière resquille du genre, certaines se montrant autrement pitoyables, pour ne pas dire risibles. Cela fait grincer des dents, parler haut, lancer des invectives, mais comment résister à la séduction de ces cohortes de faims et de soifs traversant le pays à deux pas des comptoirs ?

Arrivée à Conques par la « voie royale » qui descend de Saint-Marcel, dont chaque tournant révèle une parcelle du damier des toits, les tours de l'abbatiale et, accrochées à mi-pente comme une couvée de perdrix, les maisons du village. Lequel d'entre nous, malmené par la Margeride et l'Aubrac, éreinté par les bosses du Rouergue, ne s'est interrogé devant ce spectacle sur la signification non plus du chemin lui-même, mais de sa splendeur ? Pourquoi, cumulées sur si peu de kilomètres, tant de raisons de s'extasier ? Question cent fois entendue à laquelle je n'échappe pas. Pourquoi ces paysages grandioses, ces bâtiments, villes et villages si beaux ? Sur les chemins de Compostelle, et cela est encore plus vrai en Espagne, l'urbanisme témoigne à la fois de l'ampleur du pèlerinage et de sa pérennité. Le temps s'y décrypte en strates de siècles et de styles. L'ignorerions-nous, que le premier bourg rencontré sur ce chemin nous le rappellerait par son architecture ou sa voirie. Sans oublier ces indispensables compagnons si souvent négligés du passant : les ponts ! Quelle que soit la motivation du pèlerin, son arrivée à Conques s'inscrit comme l'un des moments forts de son voyage. Rares sont ceux qui ne le vivent pas dans l'émotion.

« On m'avait pourtant prévenu. Pas tout à fait mis en garde, mais presque. J'avais vu des photos, des images à la télé. Je connaissais. Enfin, je croyais connaître, mais lorsque je suis arrivé dessus, tout était tellement différent… Encore plus beau, plus grand. Je me suis dit : Tu rêves, et je ne rêvais pas. C'est ma plus forte impression de tout le chemin, y compris Compostelle. Au point que le lendemain matin, avant de partir vers Noailhac, je suis remonté vers Sénergues. Un petit kilomètre, pas plus, pour voir si je ne me faisais pas de cinéma. Le soleil se levait, il y avait de la brume sur le village, seuls les tours de l'église et quelques toits émergeaient. J'ai pleuré. » (Jacques R., Toulouse.)

Un groupe venu de je ne sais où déboule devant nous en riant. Des adolescents, une dizaine, courant sur le chemin des vignes, criant, riant, jeunes et heureux, un peu fous comme on l'est à cet âge. Mais d'où sortent-ils avec leurs coquilles neuves cousues sur les sacs ? Plus loin sur le même chemin, deux couples également inconnus descendent vers le village. Génération spontanée ?

Sur le registre de l'abbaye nous serons les deux mille centième et deux mille cent et unième inscrits. Cela fait du monde. Beaucoup de monde, même, sachant que les premiers départs du Puy ne se situent guère avant Pâques. Reste qu'une fois de plus le Camino des uns se confond avec le GR des autres. Confusion ? Au vu des tracés anciens, c'est le premier qui, oubliant son droit d'aînesse, vint se fondre dans le second. Est-ce si grave ? Non ! Sauf lorsque l'écart néglige un lieu historiquement important, comme, me semble-t-il, Villeneuve-d'Aveyron. Née d'une sauveté accordant, comme son nom l'indique, protection et droit d'asile, Villeneuve, aujourd'hui négligée des jacquets, doit sans doute autant au pèlerinage galicien qu'à la proximité des abbayes bénédictines de Figeac, Aurillac et Conques. Construite au XIe siècle, elle possède indéniablement un faux air castillan, accentué par la présence des tuiles et de la brique. Dans sa très belle église du Saint-Sépulcre, des fresques du XIIIe siècle découvertes il y a une vingtaine d'années représentent des pèlerins en marche arborant la coquille Saint-Jacques. Témoignage troublant pour les quelques égarés du GR qui, huit siècles plus tard, traversent la cité, bourdon en main. Douze kilomètres plus au sud, Villefranche-de-Rouergue, également oubliée de l'actuel chemin, posséda en son temps maison-Dieu et hôtels pèlerins.

Il y aura bientôt trente ans que nous fréquentons Conques. À raison de plusieurs séjours par an, cela fait du temps passé ici. Beaucoup de temps, jours, semaines et mois confondus, et pourtant, chaque fois, c'est bien l'émotion du premier jour qui resurgit, intacte. Tant d'assiduité étonne, d'autant que la cause profonde nous échappe, laissant nos proches dubitatifs, mais, face à l'indicible, quel mot avancer en hypothèse ? Cet attachement me rend intolérant, je le sens bien, envers un certain nombre de regards portés sur Conques. Regards hâtifs, superficiels, mutilés par l'urgence : condamnés, donc, par mon intransigeance. Mais n'étais-je pas pressé moi aussi lors de ma première visite ? Quant aux « pèlerins de circonstance » rencontrés ici et là entre Le Puy et Conques, de quel droit les juger ?

« Personnellement, vu de Normandie, le pèlerinage de Saint-Jacques m'apparaissait comme anachronique. Quelque chose d'ancien, d'obsolète, qu'accomplissaient peut-être encore quelques illuminés. Il a fallu que je vienne à Conques pour comprendre. Je me suis tout de suite rendu compte que c'était autre chose, une démarche très forte, vivante, concernant des gens de tous âges, de toutes conditions et nationalités, reflétant un courant religieux très œcuménique. Ce qui m'a le plus frappé, c'est qu'ils avaient tous une nécessité intérieure. Ces gens, surtout ceux qui vont d'une traite à Compostelle, sont souvent à la croisée d'un chemin de vie — divorce, retraite, chômage, deuil, séparation. Il y a dans leur démarche qui n'est quand même pas facile, même pour les plus robustes, bien plus qu'un passage : un franchissement. C'est un retour sur soi qui, au lieu d'enfermer l'individu dans le passé, le propulse vers l'avenir. Il y a de l'intraduisible au bout du compte. Je pense à ce garçon de vingt et un ans venu parler de son expérience à des jeunes — seize/dix-huit ans — du canton de Conques. Qu'est-ce qu'il leur a dit ?

« Si vous m'interrogez, je répondrai, autrement je ne peux pas parler de ce que j'ai vécu. Ce chemin m'a appris à fermer ma gueule. Alors ? » (Frère Jean-Régis.)

Randonneurs, pèlerins, touristes, séjournants ou de passage, qu'importe ! Et qu'importe si le chemin roulant des monts d'Aubrac est tour à tour jacobite ou randonneur, pourvu qu'il me conduise là où je veux aller, outremonts et hors frontière ? Quant à savoir à quel camp appartient le compagnon rencontré, j'avoue aujourd'hui que, passé quelques semaines d'asphalte et de caillasses, je ne fais plus très bien la différence entre randonneur et pèlerin.

« Que sait-on de celui qui part ? Où se situe la frontière entre le randonneur et le pèlerin ? Combien m'ont dit : "Je suis parti randonneur et je ne sais plus où j'en suis" ? À noter que très peu, partis dans ces conditions, arrivés à Conques et poursuivant leur chemin, se revendiquent clairement pèlerins. Pourquoi ferais-je une différence à l'instant où je les accueille ? Sur la fiche d'hébergement ils notent ce qu'ils veulent. Lorsqu'ils se déclarent pèlerins, ils labellisent en quelque sorte leur démarche. C'est tout. » (Frère Jean-Régis.)

Ni Godescalc ni Aimery Picaud* ne vinrent à Conques. Ils passèrent au large. Où exactement ?

* Moine poitevin qui se rendit vraisemblablement à plusieurs reprises sur le tombeau de l'apôtre au début du XIIe siècle et écrivit le premier *Guide du pèlerin de Compostelle* (traduit du latin par Jeanne Vieillard, Librairie philosophique J. Vrin, 1990).

Mystère, mais pas ici. Cela se saurait. Dans son guide, Picaud évoque le martyre de la jeune vierge et signale que « le très précieux corps de la bienheureuse Foy fut enseveli avec honneur par les chrétiens dans une vallée appelée vulgairement Conques ». Il dit encore que « les Bourguignons et les Teutons qui vont à Saint-Jacques par la route du Puy doivent vénérer ses reliques », avant d'en venir aux qualités de l'eau de la fontaine du Plô, « dont les vertus sont plus admirables encore qu'on ne peut le dire ».

Rue Émile-Roudié, deux hommes comparent leurs cueillettes de fraises dans des paniers à salade. Captés au passage, quelques mots nous escortent : « C'est la faute au temps. » Quand elles ne sont pas montées à cran — arêtes où le pied s'accroche —, les dalles de schiste des ruelles invitent à la récréation par leur disposition en marelle. Encore trois ou quatre minutes, un dernier escalier, et nous atteindrons le cœur véritable de la cité : l'abbatiale et son prestigieux tympan, habité — au vrai sens du terme — par cent vingt-quatre personnages, devant lesquels des foules considérables apprirent à décrypter, sous l'autorité savante d'un clerc, les risques du Jugement dernier.

Longtemps on vint ici des contrées les plus éloignées d'Europe, et par les chemins les plus divers, honorer les restes de sainte Foy, déposés dans l'étonnante statue reliquaire du IXe siècle. Savoir si ces reliques furent dérobées à Agen par un moine de Conques ou remisées ici par des Agenais se méfiant des incursions normandes n'est plus franchement à l'ordre du jour. À supposer que la question le fût jamais, tant elle semble liée aux soubresauts de la scolastique décadente. Qui, à l'âge de la foi, pouvait sérieusement argumenter sur les tenants et les aboutissants de cette translation ? Je ne sais, mais certainement pas les pèlerins consumés par l'urgence.

D'ailleurs, quelle importance accorder aux hypothèses, alors que la preuve se nourrit de ce que l'on voit, touche et entend : le merveilleux contenu dans le *Livre des miracles* de la jeune vierge martyre !

Ils vinrent donc, de partout et d'ailleurs, par centaines, milliers, centaines de milliers, pour rendre grâce et honorer. Rapidement trop exigu, le monastère dédié au Saint Sauveur fut agrandi aux Xe et XIe siècles, avant de donner naissance, cent ans plus tard, à l'abbaye dont nous mesurons aujourd'hui l'importance à la taille de l'église. Confrontés, malgré d'importants aménagements, au manque d'espace au sol, les constructeurs élevèrent la nef à plus de vingt mètres. Pour offrir à l'édifice un volume que la superficie limitée contrariait, ou pour symboliser par un défi de pierres l'élan des hommes vers Dieu ? La seconde hypothèse me semble la plus crédible. Volonté ou tâtonnement, le résultat est là, présent dans ce miracle depuis neuf siècles : l'une des plus belles églises romanes d'Europe. Il faut dire que, depuis plus d'un siècle, aux foules pèlerines de Sainte-Foy s'étaient jointes celles autrement considérables de Saint-Jacques. Lorsque nous poussons le vantail, l'office est commencé depuis quelques minutes. Premiers pas hésitants, guidés par l'extraordinaire luminosité du chœur irradié par la pierre et le chant des vitraux de Soulages. Oubliés la neige et le froid des plateaux, boue, tempête et lassitude : quelques minutes suffisent au corps pour retrouver ses forces.

Pour beaucoup d'entre nous, l'arrivée à Conques marque un aboutissement, la fin du chemin, ou d'un chemin. *¡Adios, compañeros !* L'heure est au retour, cela se sent au ton faussement désinvolte des conversations. Bien sûr on reviendra, l'an prochain, ou plus tard, renouer les fils, poursuivre vers le sud, Moissac,

Saint-Jean-Pied-de-Port, Pampelune ou Burgos. Combien se hasardent à citer León ? Quant à Compostelle, à part deux ou trois privilégiés dont nous sommes, on ne l'évoque qu'au conditionnel et à demi-mot. « Deux mois de marche, peut-être moins. Il faut du temps… » De la disponibilité aussi. Disponibilité d'esprit, s'entend, essentielle pour ajouter le jour aux jours, s'éloigner de chez soi et de soi-même, capitale pour la réussite d'un tel projet. Pourtant la disponibilité trouve rarement sa place dans les conversations, on l'escamote, focalisant sur le temps qui fait toujours défaut. Les sacs ne sont pas vidés, que la nostalgie bat le rappel. Au risque de se tromper d'histoire, d'ailleurs, car si la rupture peut générer des regrets, elle n'en était pas moins programmée dès le départ.

Reste que le charme du village atténue facilement l'amertume, et que les rendez-vous se prennent : « L'an prochain à Pâques… » Pourquoi pas, mais au-delà des mots qui sont ce qu'ils sont, sans plus, la seule constatation à laquelle nous sommes confrontés, c'est que Conques est un lieu magique. L'un de ces endroits où, selon certains, « il se passe quelque chose » — sous-entendu des choses plus ou moins mystérieuses, échappant à l'entendement. D'autres sites sur le chemin ont également cette réputation. Ne serait-ce que la cathédrale de Compostelle. Les plus savants en la matière parlent de tellurismes. Pourquoi pas.

« En arrivant ici je me suis sentie gagnée par une sorte de sérénité, un bonheur profond, intraduisible dans l'instant. J'avais l'impression de me trouver dans le ventre de ma mère. C'était quelque chose de très fort pour moi. D'autant plus fort qu'inattendu. Je marchais depuis des semaines, et j'arrive à Conques que je découvre. Et je me sens régénérée, apaisée. Il me semblait que je sentais battre un cœur.

Le cœur de ma mère, mais aussi de la terre. De la terre-mère, en quelque sorte. C'était chaud, il y avait une vie qui m'envahissait... Un grand moment. Quelque chose d'inoubliable. » (Isabelle R., Bourg-en-Bresse.)

« En fait je suis allée à Compostelle parce que j'étais venue à Conques. Nous avions décidé, ma belle-sœur et moi, de randonner en France. Le chemin de Compostelle figurait sur la liste des topo-guides. Tiens, pourquoi pas. Nous avons choisi le chemin qui va de Conques à Cahors, ville où nous avions des amis. L'arrivée à Conques fut une révélation. Nous avons laissé la voiture en haut du village pour descendre à pied, c'était quelque chose d'extraordinaire, les maisons, l'abbatiale, on ne savait plus où donner de la tête. On était toutes les deux émerveillées. Je ne sais pas ce qui nous est tombé dessus. C'était tellement formidable qu'il fallait que l'on revienne. Quand ? Comment ? Mystère. Arrivées à Cahors, nous nous sommes dit : Et si nous allions jusqu'à Saint-Jacques ? Mais en repassant obligatoirement par Conques. Et nous sommes reparties du Puy.

« Compostelle est donc la conséquence de notre découverte de Conques. Il faut dire que le lendemain, deux heures après notre départ, près du village de Noailhac, où nous déjeunions assises sur un muret, un jeune moine accompagnant un groupe de scouts s'arrête : "Vous êtes pèlerines ?" Nous n'avions jamais pensé être des pèlerines, nous nous sommes regardées toutes les deux avant de répondre : "Oui, peut-être. — Eh bien, venez donc prendre le café avec nous à la maison de la paroisse de Noailhac, il y aura la bénédiction des pèlerins." C'était le frère Renaud. Nous y sommes allées et avons donc reçu cette bénédiction, ce qui nous a beaucoup impressionnées. Comme nous avait impressionnées, la veille au soir, la lumière régnant dans l'abbatiale. Il était vingt-deux heures, peut-être plus, et il y avait un certain éclairage qui arrivait, une lumière tombant des vitraux. C'était beau, vraiment très beau, et quelqu'un jouait de l'orgue. C'était divin, j'avoue que je suis très sensible à la musique, et tout cela confondu nous a donné envie de partir à Saint-Jacques.

« Si je crois en Dieu ? Oui... Mais je ne saurais comment exprimer cela. Avec des réserves en ce qui concerne la religion, mais je possède, c'est vrai, un fonds religieux. Maintenant, mon départ c'était plutôt l'envie de marcher, de me retrouver dans la nature, alors la notion religieuse... peut-être, mais en arrière-plan, loin. » (Claudine K., Rennes.)

« Je devais commencer mon chemin au Puy-en-Velay, mais l'enneigement de l'Aubrac ne me l'a pas permis. Je suis donc parti d'ici, de Conques, que je connaissais de nom. À mon arrivée, le choc. Une émotion puissante, inattendue. Je n'y suis resté que quelques heures, mais j'ai tout de suite su que c'était un lieu magique, un lieu où il se passe des choses, et que j'y reviendrais. Ce que j'ai fait, deux mois après mon retour de Compostelle : je suis revenu à l'abbaye en tant qu'hospitalier. J'y suis resté dix mois. Depuis j'y reviens souvent, en fonction de l'aide que je peux apporter. » (André, Belgique.)

Soirée chez nos amis Cannes, dont le balcon dominant le chevet de l'abbatiale offre une vue superbe sur le village. Imprudence des retrouvailles, le bonheur étire les heures au-delà du raisonnable. Il est plus que tard lorsque Jean nous raccompagne à l'abbaye. Nous allons tous les trois, silencieux dans la sérénité des rues, escortés par le parfum des lilas et de la pierre chaude.

« Pourquoi je suis allé à Compostelle ? Parce que, comme beaucoup, j'avais l'idée en tête. Un vague projet, rien de précis, jusqu'au jour où j'ai assisté à une conférence sur ce thème, qui m'a convaincu. Je savais que l'une des grandes symboliques du chemin concernait la confrontation avec soi-même, avec le vieil homme qui régente tout et qui encombre. Philosophiquement, et psychanalytiquement, c'est ça, la marche vers Compostelle. On chasse quelque chose de soi. Faut-il parler ensuite de résurrection ? Pour certains c'est évident. Pour d'autres moins. En ce qui me concerne, c'est ainsi que je l'ai vécu. La Meseta espagnole fut vraiment un chemin de méditation, et de remise en cause. C'est pourquoi je pense qu'il y a dans ce pèlerinage autre chose qu'un aspect religieux. Quelque chose qui vient de plus loin, qui remonte peut-être à la nuit des temps. Un besoin, une attente enfouie dans l'individu, et qui soudain…

« Celui qui a fait le chemin n'est plus jamais le même. Disant cela, je pèse mes mots. Ce ne sont pas des paroles en l'air, mais une réalité. Après Compostelle, le pèlerin voit les choses différemment, sa vie, les autres. Quand on me demande si je repartirai un jour, je dis non. On ne refait pas ce chemin. On ne tue pas le vieil homme à répétition. Il y a cinq ans, je ne savais pas que j'irais à Compostelle, j'étais en recherche. J'éprouvais le besoin d'un renouveau, l'envie de tourner la page, d'en ouvrir une autre. Cela correspondait d'ailleurs à un tournant de mon existence, et j'entends encore ce conférencier qui se disait athée déclarer : “Je sens que je me dirige vers quelque chose dont j'ignore le sens. Quelque chose de fort, et qui me dépasse.” Sur l'instant je me disais : Il faut qu'il aille plus loin. Qu'il en dise plus. Il ne le pouvait pas. Plus tard, sur le chemin, j'ai compris qu'il y a un vécu pèlerin absolument intraduisible. L'arrivée à la chapelle templière d'Eunate, par exemple, San Juan de Ortega, la Meseta, Compostelle, et bien sûr Muros, là où finit la terre. » (André, Belgique.)

Réflexes conditionnés ? Sans nous concerter nous choisissons, dans le gîte de Livinhac-le-Haut, les lits occupés quatre ans plus tôt. Comme toujours, le départ de Conques a été difficile. Lors de la bénédiction des pèlerins, les pères Amand et Donatien ont offert à chacun un petit pain et l'Évangile de Jean. Geste symbolique, témoignage d'accompagnement de celui qui, pour reprendre la belle expression du frère Renaud, « se désinstalle ». L'émotion, une fois encore, a étouffé la parole des adieux.

Nous étions une demi-douzaine à attaquer la rude montée de Noailhac. Les premiers arrivés à la chapelle Sainte-Foy ont, selon la tradition, sonné la cloche, et celle de l'abbatiale a répondu de sa voix grave. Les quelques secondes séparant les deux carillons m'ont semblé interminables. Sentiments de délivrance en les entendant enfin marquer la rupture : les dés sont désormais lancés. Pas mal de difficultés, marquées par de fréquents arrêts, pour atteindre le plateau. La chaleur, sans doute, mais certainement aussi le rappel à peine dissimulé du ratafia *dit* inoffensif de Madeleine. L'un d'entre nous a tenté alors de lancer le vieux chant jacquaire :

Je m'en vais au bout de la terre
Vers les portes de la lumière.
Ultreía ! Santiago !

En vain. Peine perdue, faute de souffle, mais le cœur y était-il vraiment ?

Retrouvé Ruth et Anno à Livinhac. Ils sont allemands. Elle est partie de Constance, lui de Stuttgart, tous deux se dirigeant vers Vézelay où ils se sont rencontrés. Depuis ils cheminent ensemble. Nous les avons déjà croisés à Saint-Côme-d'Olt.

Cet après-midi, sur les hauteurs de Decazeville, un homme m'a interpellé pour me montrer un fanion, souvenir d'une concentration de camping-cars à Compostelle.

« Vous savez que j'en ai bavé ? La traversée de la Castille, quand on le raconte aux gens, ils rigolent, mais moi, je peux vous dire que j'en ai bavé. Des routes plates, à perte de vue. Ni villages ni maisons, rien. Et une de ces chaleurs ! »

Je lui ai dit que je connaissais la Meseta pour l'avoir traversée en 1993.

« En 93 ! Moi aussi ! Mais je vous dirai qu'à pied ce n'est pas la même chose. Peut-être pas plus facile, mais au moins vous, vous êtes à l'air libre. Et c'est déjà beaucoup ! Vous comprenez ? »

Bien sûr que non, mais j'ai quand même acquiescé. Pour en finir.

Départ matinal dans les odeurs de foin fraîchement coupé. Comme les matins de printemps sont beaux et généreux ! Retrouvé avec plaisir le tympan roman de Saint-Félix où Adam et Ève, l'arbre et le serpent, semblent attendre notre assentiment : « À notre place, que feriez-vous, passants ? » Petit cafouillage pour éviter Figeac où le GR s'obstine à vouloir nous faire descendre, alors que nous voulons rester — chemin historique ? — sur les crêtes. C'est ainsi qu'après quelques kilomètres d'incertitudes nous atteignons le Relais Saint-Jacques, gîte et ferme d'accueil de La Cassagnole, tenu par un couple travaillant en liaison avec Conques et Estaing.

L'histoire de Michèle et Jean Le François est étrangement liée au chemin. Années quatre-vingt : lui est artisan ébéniste, elle artiste peintre et calligraphe. Ils vivent, avec leurs trois jeunes enfants, dans une ancienne ferme du pays d'Auge. « Isolée au bout d'un chemin sans issue. Les amis y venaient nombreux, la nature y était préservée. Nous avions choisi ce genre de vie. » Pourtant, en avril 1982, au plus fort de la quiétude, c'est le départ. Ils quittent le confort et la Normandie, prennent la route et « son content d'événements multipliés par cinq ».

« Peut-être, explique Michèle, parce que la vie commençait à ronronner désespérément ou à coincer — ce qui est sûrement pareil. Quelque chose commençait à nous manquer, mais savons-nous toujours ce qui nous manque ? Ce qui fait qu'on a envie de vivre plus grand, moins ordinaire. On voudrait se sentir plus vivant, réinventer le temps à venir. On veut sentir la vie circuler en soi. C'est parfois lorsqu'on est bien "installé" qu'on est le plus menacé ! De même qu'on ne sait pas toujours ce qui nous manque, on ne sait pas toujours ce que l'on cherche, mais l'important c'est de se mettre debout, d'oser le premier pas. »

Ils partent donc, se retrouvent sur les sentiers détrempés de Haute-Loire en marche vers Compostelle. Pourquoi ce chemin ?

« À cause de rencontres, poursuit Michèle, de paroles échangées, de lectures aussi, *Les Étoiles de Compostelle* de Vincenot *, le livre de Barret et Gurgand **. De plus en plus, nous pensions que "partir" n'était pas impossible, qu'il suffisait de le vouloir, de décider. Partir sur les chemins était pour nous la façon de trouver le nôtre. Comment, autrement, continuer à vivre sans se scléroser ? On en a parlé, puis on a commencé à le dire, et le dire nous engageait face aux autres. Face à nous-mêmes. C'est ainsi

* Henri VINCENOT, *Les Étoiles de Compostelle*, Denoël, 1982.

** Pierre BARRET et Jean-Noël GURGAND, *Priez pour nous à Compostelle*, Hachette, 1978.

que nous sommes partis vers Compostelle avec nos trois enfants, deux, quatre et six ans, et une ânesse récalcitrante dont nous nous sommes rapidement séparés au profit d'une carriole à bras. À Figeac, sous une inlassable pluie battante, un homme a pris toute la famille dans sa camionnette pour nous faire "sauter" jusqu'à Béduer. Notre chemin s'est ensuite arrêté à Moissac. Bien sûr, nous n'avions pas reçu de réponses à nos questions, mais quelque chose commençait à s'accomplir en nous, à notre insu. À l'époque, il y a une quinzaine d'années, le chemin de Compostelle commençait à peine à renaître. Dans les villages les gens l'ignoraient, et nous passions vite pour des errants. D'autant que nous demandions, le soir, un coin de grange pour dormir. Nous commencions à penser qu'il serait bon d'avoir une maison à nous, où des hommes et des femmes de divers pays viendraient déposer un peu de leur fatigue, peut-être de leurs rêves, l'espace d'une nuit.»

Après quatre années passées dans une communauté de L'Arche, ils achètent à Faycelles, près de Figeac, cette ferme abandonnée depuis 1936.

«Malgré son état de délabrement nous avons pensé que nous avions quelque chose à vivre ici. C'est alors que nous nous sommes aperçus que nous étions situés sur le GR 65. Chemin de Compostelle... Sur l'étape que nous n'avions pas faite lors de notre pèlerinage. Celle que nous avions "sauté" avec la camionnette! Nous avons donc travaillé, réveillé la Belle au bois dormant devenue Relais Saint-Jacques, où des hommes et des femmes en chemin vers la Galice font halte. Quelle merveilleuse histoire pour cette maison si longtemps endormie, devenue lieu de partage, d'accueil et de rencontres! Quand on me demande si je suis croyante, je bute. Je suis incapable de dire oui. Je suis incapable de dire non. Est-ce si important? Le plus important n'est-il pas de croire à la formidable force de l'amour, au pardon, à la tolérance ? C'est dans ce sens, et dans cet esprit, que nous faisons partie de l' "accueil chrétien". Mais ce terme n'exclut-il pas tous ceux qui ne se sentent pas chrétiens ? Le parcours de chacun est spirituel, et chacun a sa spiritualité, différente selon les moments de la vie. » (Michèle.)

« Pour faire revivre ce lieu, raconte Jean, il fallait de l'argent et du courage, de la folie et de l'inconscience aussi, sans doute. Des amis nous ont aidés, prêté de l'argent, donné des coups de mains. Puis les premiers pèlerins sont arrivés, je les revois encore, ce sont eux qui nous ont confortés en nous donnant la vraie raison de notre présence et de nos efforts. Plus tard, d'autres ont laissé le sac un jour ou deux, pour poser leurs pierres, des tuiles, nous aider. Nous nous sentions portés, accompagnés. Certains de ceux qui s'arrêtaient sont revenus, puis d'autres encore, recommandés par les premiers. Je me réjouis de voir tous ces marcheurs que nous recevons. Cet accueil donne un sens à ma vie. J'ai l'impression d'avoir rêvé ce projet et réalise à peine qu'il est en train de vivre. Nos premiers pèlerins, nous les avons reçus un midi. C'étaient frère Renaud et frère Jean-Daniel, prémontrés à Conques. Sachant que nous allions ouvrir un gîte, ils sont venus nous voir. C'est ainsi que nous avons évoqué l'idée d'un réseau d'accueil avec Conques et Estaing. »

Très belle étape vers Cajarc en passant par les chemins de crête. Euphoriques, nous chantons à tue-tête sans trop surveiller les balises. Résultat, une heure et demie de marche en plus. De nouveau nous sommes considérés comme randonneurs. Ce n'est pas une tare, et je l'accepte d'autant mieux que je ne me revendique pas pèlerin. Mais, pour la mémoire paysanne, « randonneurs » n'est jamais éloigné de

« chemineaux », ces hommes sans feu ni lieu jetés sur les routes : vagabonds, clochards, trimardeurs. Le transhumant suscite toujours plus de méfiance que de crédit ; qu'il le veuille ou non, celui qui passe appartient au clan nomade, dont l'histoire enseigne qu'il faut se méfier. Encore, pour ce qui nous concerne, nos âges jouent-ils en notre faveur. Plus jeunes, nous serions assimilés à des SDF. Cela se sent au détour d'une phrase, un peu aigre, comme ce matin : « Enfin, pèlerin, c'est ce qu'on dit ! Mais il n'y a qu'à ouvrir le journal pour comprendre qu'il y a de tout là-dedans. Non ? »

Sur l'Aubrac déjà, des fermiers se sont étonnés du nombre croissant de « pèlerins ou se revendiquant tels » sollicitant, parfois au nom de l'Évangile, la gratuité du gîte et du couvert. Bien que marginale, cette façon de procéder n'en indispose pas moins le sollicité, le plus souvent placé au pied du mur. Reste que le pèlerin-mendiant est né avec le pèlerinage et que, ressuscitant l'un, on réveille tout naturellement l'autre. J'ai marché avec certains d'entre eux, en Espagne surtout. Faux jacquets ? Peut-être, mais vrais marcheurs qui tous atteignirent Santiago. Comment porter un jugement de valeur sur la qualité intrinsèque de ces passants particuliers qu'Élisabeth appelle si justement « nos frères de la route » ?

« Les pèlerins, pauvres ou riches, qui reviennent de Saint-Jacques-de-Compostelle ou qui y vont, doivent être reçus avec charité et égards par tous ; car quiconque les aura reçus et hébergés avec empressement aura pour hôte non seulement saint Jacques, mais Notre-Seigneur lui-même, ainsi qu'il l'a dit dans son évangile : "Qui vous reçoit me reçoit *." » Hier, dans ce Quercy où depuis un millénaire le chemin est inscrit dans la pierre des villages, un commerçant

* Règlement du pèlerinage de Compostelle, xe siècle.

ambulant à qui j'achetais du pain doutait de la véracité du pèlerinage.

« Tout ça c'est un truc à la mode. Une lubie pour faire marcher les gens, et les faire acheter sacs et godasses. Compostelle, vous parlez, tout le monde s'en fout ! Comme dans le temps. Si même ça a existé. Vous n'étiez pas là, moi non plus. Alors ! Enfin, si ça me fait vendre de la marchandise, moi je dis bravo à celui qui a arrangé le coup. »

Ah ! que le faux pèlerinage comme plus tard le faux pèlerin me plaisent et me réjouissent ! À moins d'avoir pris lui-même sac et bâton, le lecteur ne peut se douter de ce que l'on peut entendre d'inepties sur ce chemin, et sur ceux qui le fréquentent. À noter que le fait n'est pas nouveau. De tout temps le pèlerin, ce déraciné, vagabond confirmé et comme tel voleur ou assassin en puissance, a fait froncer bien des sourcils, et, pour peu qu'il soit seul, vieux ou pas trop vaillant, a généré quelques injures — quand ce n'étaient des coups — au nom de l'ordre sédentaire. Passons sur les emprisonnements et pendaisons arbitraires, déportations aux îles ou condamnations aux galères royales, pour ne retenir que la geste paysanne qui organisa parfois de véritables chasses au pèlerin, « indésirable, fainéant et dangereux », comme d'autres aujourd'hui chassent le « faciès » sous des prétextes fort ressemblants. Combien de jacquets retrouvés « estourbis dans les douves de chemins » le furent non par des compagnons irascibles mais par d'honnêtes pères de famille inquiets de perdre le moins que rien qu'ils pensaient posséder.

Que dire lorsque l'Église elle-même emboîte, par son silence, le pas à la suspicion ? Lorsqu'elle permet qu'un officier écrive de façon très officielle en 1777 que, « attendu que pour le temps présent il n'y a plus de pèlerins allant aux dits voyages, et que l'intention des fondateurs [des hospices] n'était pas qu'ils demeurassent ainsi inutiles et que du revenu de ceux-ci les vrais pauvres fussent frustrés », ou lorsque l'on ferme les hospices et hôpitaux, que l'on interdit la mendicité, que l'on ferme les yeux sur les brutalités de la maréchaussée. « Que ces gens [cinq pèlerins] doivent s'estimer heureux d'être condamnés à la maison de force, au lieu des galères perpétuelles. » Ce que ne dit pas cet officier, c'est que les malheureux furent au préalable dépouillés de leurs papiers, bourdons et chaperons, et copieusement rossés par les soldats encouragés par la foule. Quel artiste, poète ou sculpteur, pensa le premier à représenter le Christ pèlerin ? Qu'importe le passé. Resurgie sous d'autres formes, la querelle de l'historicité des chemins venait de me rattraper, dans ce Quercy si chargé de souvenirs jacobites, au moment où je l'attendais le moins.

Entre le doute et la négation se trouve Aimery Picaud, dont on ne sait pas grand-chose, sinon qu'il fut moine dans le Poitou et rédigea vers 1140 le *Guide du pèlerin de Compostelle*. C'est lui qui, le premier, décrivit les quatre grands itinéraires français auxquels nous nous référons toujours. De là à dire ou penser qu'ils représentaient autant de voies obligatoires serait parfaitement inexact. Abordant l'histoire du pèlerinage de Saint-Jacques-de-Compostelle, de quoi parlons-nous ? Nous savons que celui-ci a drainé des foules considérables pendant plus d'un millénaire. Partant de ce postulat, de quel siècle traitons-nous, et de quelle décennie de ce siècle ? Les querelles d'authenticité des chemins auxquelles certains s'accrochent avec véhémence me semblent un faux problème. Bien entendu, les itinéraires décrits par Picaud étaient les plus fréquentés de son siècle et le demeurèrent sans doute assez longtemps, sécurisés par la présence d'ordres militaires et dotés d'hospices et hôpitaux pèlerins. Mais il n'empêche que, au XIIe siècle comme aujourd'hui, celui qui part de chez lui sans souci des itinéraires conseillés, pour aller selon son humeur, ouvre également un chemin historique : le sien !

« Je vais à Compostelle en accomplissement d'un vœu formulé lors de la maladie de mon épouse. J'ai soixante-douze ans et marche en priant, à raison de trente kilomètres par jour. Dans quarante jours, si Dieu le veut, j'atteindrai le tombeau de l'apôtre. Mon épouse, mes enfants et petits-enfants me rejoindront là-bas. » (Pèlerin anonyme rencontré dans le Lot.)

À toutes les voix du chemin répond comme en écho celle du pèlerin russe traversant, dans une sorte d'hypnose générée par la marche — entre soixante et soixante-quinze kilomètres par jour —, par la faim et le froid, un siècle sans âge — en fait le XIXe :

« Je suis pèlerin sans abri, de la plus basse condition, toujours errant de lieu en lieu. Pour seul avoir, j'ai sur le dos un sac avec du pain sec, et dans ma blouse la sainte Bible et c'est tout *. »

Ce matin, un homme qui travaillait dans son jardin m'a demandé en quelle saison nous arriverions à Compostelle. « À l'automne ? Pas en hiver, quand même ? » Quand je lui ai dit que nous y serions sans doute dans moins de cinquante jours, il a retiré son béret en répétant des « Cré Bon Diou ! » admiratifs, avant de m'inviter à boire l'apéritif — « Juste un p'tit, histoire de recharger les batteries ». Pour ne pas le vexer par mon refus, je suis resté un moment à l'écouter parler de ses plantations. Les pommes de terre étaient déjà hautes, les tomates prises, fèves et petit pois bien vaillants. Des haricots d'automne, demi-secs, luisaient dans le creux de sillons tirés au

* *Récit d'un pèlerin russe, op. cit.*

cordeau. « Pour l'hiver, même quand ils sont secs comme les cornes d'un bouc, ils font toujours l'affaire. C'est des bons ceux-là, surtout mitonnés dans la sauce de confit. » J'ai soupesé une poignée de terre, l'ai sentie, égrenée. J'y ai retrouvé l'odeur de notre jardin, et imaginé, comme si souvent dans mes rêves, la silhouette de mon père une bêche à la main.

Nos pas ont croisé de nouveau ceux de Michel, le Québécois, un peu avant Cahors où il ne s'arrêtera pas. Marchons plus d'une heure ensemble. Adieux un peu difficiles. La réalité du chemin ne fait guère de cadeau aux sentiments. Lui est venu « pour voir ». De si loin ?

« Oui, de si loin, et l'an prochain je reviendrai pour terminer, aller jusqu'à Compostelle. J'ai lu des articles, le livre de Vincenot *. Le reste s'est fait tout seul. »

La montée vers le plateau surplombant Cahors est aussi rude que l'était hier la descente. Soleil, chaleur, heureusement atténués par de magnifiques chemins ombragés et odorants. Incontestablement, en certains endroits, le passage du GR et sa fréquentation par les pèlerins ont fait naître des vocations corsaires. À Lascabanes, par exemple, beau village quercinois, où une auberge « de style » propose aux malmenés de la draille des tarifs peut-être justifiés par la qualité des lieux, mais d'autant plus inusités qu'au prix de l'hébergement s'ajoute une caution « pour le ménage ». Le tout payable immédiatement, des fois que... La piraterie ici se pratique à visage découvert, arbore un nom et un drapeau. Il n'empêche que les apparences ne retirent rien à l'arnaque et qu'une embuscade, même de style, demeure une embuscade. Le langage de l'hôtesse a

* Henri VINCENOT, *op. cit.*

beau se vouloir châtié, les marcheurs, randonneurs ou pèlerins, sont considérés pour ce qu'ils sont : des pousse-cailloux. Certains, étrillés par la chaleur et le causse, capitulent sans conditions. D'autres refusent et partent *. Ce que nous faisons, bien que rendus au sixième dessous. Belle leçon ! Une fois encore le chemin enseigne. À quelques kilomètres de là — mais quels kilomètres ! —, blotti à flanc de causse près d'un hameau de quelques dizaines de fermes, le petit monastère de moniales de Notre-Dame-d'Escayrac veille sur l'éternité du chemin. En principe, la communauté ne reçoit pas. Nous le savons, mais Montcuq est encore si loin que nous nous contenterons de la première grange venue. C'est pourtant vers le monastère que nous nous dirigeons, et nous sommes reçus par une jeune moniale qui nous conduit chez la mère Marie-Lucie, supérieure de la communauté.

« Nous ne pouvons vous héberger au monastère, mais vous êtes pèlerins, et je sais au nom de qui vous marchez. Vous pouvez donc passer la nuit dans ce bâtiment désaffecté. Pour le reste, nous ne possédons pas grand-chose. Le partage sera donc facile. Et vous aurez la meilleure part. »

Jamais, devrais-je vivre cent ans, je n'oublierai ces paroles qui, au-delà de l'hospitalité offerte, me consacrent pèlerin. Conques, Escayrac, deux noms séparés — reliés — par six jours de marche, deux lieux aussi dissemblables qu'il est possible, et engendrant pourtant la même émotion. Pourquoi ? Bien sûr je m'interroge, une fois de plus, une fois encore, moins sur la signification de ma présence ici que sur la mystérieuse puissance de ce chemin. Le soir un copieux repas nous est apporté, soupe, pâtes, œufs,

* Depuis l'été 1998, un gîte d'étape de dix-sept places est ouvert dans ce village.

fruits. Les chants de l'office sont ceux de la *Liturgie du peuple de Dieu* du père Gouzes*.

« Vous connaissez André ! Mon Dieu comme le monde est petit ! Savez-vous qu'il sera des nôtres pour la fête de la Pentecôte, où il baptisera dans notre église un enfant du village. »

Le village ? Qu'en reste-t-il au juste ? Un lot de maisons massives, dont certaines semblent définitivement fermées, une population réduite à la taille d'un hameau, et cet enfant nouveau-né, comme une espérance. Dans neuf jours André Gouzes sera à Escayrac, et nous dans le Gers. À Noël prochain nous devrions le retrouver à l'abbaye de Sylvanès, dans son village à peine plus important que celui-ci, sauvé, par sa volonté, d'une mort annoncée. Comme, peut-être, cet enfant le fera un jour pour Escayrac.

Dimanche 28 mai. Le village s'éveille à peine dans le chant des coqs lorsque nous le quittons. Longue fuite d'un renard surpris en train de muloter, tandis qu'une chouette, rasant la cime des arbres, rentre au bercail. Nul besoin de phrases pour savoir que nous reviendrons ici, que ce lieu nous attend à l'image de quelques autres rencontrés au hasard d'un chemin, d'un mot, d'un regard ou d'un geste. Pour l'instant nous marchons dans la joie, chantant à tue-tête, ragaillardis par un sommeil de loirs, galvanisés par un accueil que nous n'oublierons plus. Confrontée

* André Gouzes, dominicain, musicien, compositeur de la *Liturgie du peuple de Dieu*. Natif de Camarès, petit village du sud de l'Aveyron, il entreprend en 1975 le sauvetage de l'abbaye de Sylvanès — en Camarès — en organisant des cessions de chants et d'animations culturelles. Vingt ans plus tard, cette magnifique abbaye cistercienne reçoit chaque année plus de cent mille visiteurs, stagiaires et retraitants, et peut à ce titre être considérée comme l'un des centres de recherche spirituelle et culturelle les plus importants de France, sinon d'Europe.

au renouveau du chemin de Saint-Jacques passant à quelques kilomètres de leurs murs, la communauté a réfléchi sur les significations possibles de ce phénomène.

« Qu'est-ce qu'un pèlerin aujourd'hui ? Quel rapport entre ceux qui vont à Saint-Jacques par tronçons, pendant leur temps de congés, et ceux qui partent pour atteindre leur but d'une seule traite ? Les premiers sont souvent dans un temps de réflexion personnelle qui sera aiguisé par la solitude, le silence et la nature. Le plus souvent, la marche et l'effort physique débouchent sur la méditation, l'intériorisation, la prière. Les seconds se trouvent plus souvent placés dans un temps de rupture sociale, milieu familial ou professionnel, vie sentimentale. Ils cherchent à donner un sens nouveau à leur vie, à découvrir, lorsqu'ils sont croyants, la volonté de Dieu sur leur existence. Tous sont en recherche, même lorsqu'ils l'ignorent. Le chemin de Saint-Jacques n'est pas un chemin de randonnée. L'emprunter, c'est vouloir y inscrire une démarche spirituelle au contenu pas toujours très explicite. Ces marcheurs sont attirés par des routes qui ont une longue histoire. La chrétienté médiévale a tracé ce chemin, et le souci de retrouver des racines pousse nos contemporains à se tourner de plus en plus vers cet itinéraire. Même lorsque les pèlerins n'ont pas au départ de dévotion particulière pour saint Jacques, le fait de mettre leurs pas dans ceux des foules passées est une manière d'entrer dans leur démarche de foi. Et peut-être de prendre conscience, jour après jour, de former un peuple en marche : celui de l'Europe spirituelle, vers le tombeau de saint Jacques. »

De Lauzerte à Moissac, vingt-cinq kilomètres sous la pluie d'un orage qui n'en finit pas. Les gens rencontrés se montrent curieux de notre démarche.

« Alors comme cela vous allez à Lourdes ? » L'autre jour c'était Fatima. Le nom de Compostelle n'est cité qu'en tout dernier ressort. Trop loin peut-être, mais Fatima l'est encore plus, et depuis le temps que les jacquets transitent sur ce chemin ?

« Bien sûr qu'ils savent que vous allez à Compostelle, mais pour beaucoup ici, il y a du respect et de la réserve à évoquer Saint-Jacques. N'oubliez pas que parmi ceux que vous rencontrez, vous avez des descendants de réfugiés espagnols de la guerre civile. Parfois, pour les plus âgés, des réfugiés eux-mêmes. Le temps a beau passer, vous avez beau refaire votre vie ailleurs, votre pays, celui de vos parents, ne s'oublie pas. Et vous, vous réveillez leurs souvenirs. Vous comprenez qu'ils aiment mieux parler du Portugal que de l'Espagne. Moi je n'étais pas née, mais ma mère les a accueillis. Elle disait que jusqu'à la guerre, chaque année à la Saint-Jacques, l'église du village était pleine de femmes et d'enfants de réfugiés. Des Rouges, quand même, des sans-Dieu à ce qu'on disait, qui venaient à la messse de leur saint patron. Même notre curé, qui n'était pas commode avec eux, en était ému, à ce que disait maman. »

Certes la patronne du bar en aurait à dire sur la seule histoire qui compte, celle de son pays, et sans doute aussi sur les pèlerins dont certains, après avoir consommé, s'aperçoivent qu'ils n'ont pas d'argent. « Ah ! si j'avais du temps devant moi, je pourrais vous en dire des choses ! » Cela tombe bien, du temps elle n'en a pas, et moi non plus. La route attend, la pluie aussi, le goudron brille comme un sou neuf, lavé à grandes eaux. Hier matin, dans une cour de ferme traversée par le GR près de Montcuq, un paysan nous a dit :

« Quand on nous a demandé de baliser le chemin, j'y suis allé moi aussi puisqu'il passait chez moi. Mais en me disant qu'il n'y aurait que des cinglés, et encore, quatre ou cinq par an, pour suivre ce truc-là. Et voilà que ça n'arrête pas. Alors moi, comme je les vois de loin, vu la hauteur où nous sommes, je les attends et discute avec eux. Je demande d'abord où ils vont et comment ça se passe. Ceux qui s'arrêtent à Moissac sont presque rendus. Je ne m'attarde pas. Avec les autres je m'inquiète du pays d'où ils sont. C'est ça l'intéressant. Ensuite on parle. Avec tout ça je n'avance pas toujours dans mon boulot, et la patronne rouspète... Mais quand même, hein, avec tout ce monde chez moi, faut bien causer un peu ! »

Moissac

Aimery Picaud en témoigne dans son guide, Moissac fut, dès le XIIe siècle, l'une des haltes majeures du chemin de Compostelle. De l'hôpital de la Pointe, comme de celui de Saint-Jacques, il ne reste rien, rasés tous deux comme faillit l'être le cloître de l'abbaye lors de l'arrivée du chemin de fer. Près de l'église Saint-Martin, coquilles et insignes jacquaires ont été extraits de sépultures. Sans doute en trouverait-on aussi sous le pavage de la prestigieuse église Saint-Pierre, ou dans le cloître, mais à quoi bon nous dire ce que nous savons déjà ? Dormez en paix, compagnons. Votre œuvre est accomplie, la nôtre commence. Chemins de terre et chemins d'eau, le Tarn et la Garonne canalisés nous dirigent, sans erreur possible, vers le sud-sud-ouest, où le village d'Auvillar nous attend. Trois heures de marche paisible, dans les parfums mêlés d'eau et de foin coupé, dominés par les relents épicés de plantes aquatiques. Sur quel chemin suis-je ?

« J'étais pèlerine comme on est élève à la maternelle. Je suis partie à Compostelle pour me mettre à l'école de Dieu, et j'ai découvert en chemin que c'était l'école de l'amour. J'avais vingt ans, j'étais seule, je partais pour ne plus revenir. Je n'avais presque pas d'argent. À la fin j'ai dû mendier. C'était volontaire. Il m'a fallu traverser la mer Rouge. C'est le nom que je donne au chemin que j'ai fait au retour, de Santiago au monastère. Santiago était une porte, un passage pour aller du connu à l'inconnu, d'une vie que je voulais construire à la vie que Dieu voulait construire pour moi. »

La jeune femme qui écrit ces lignes est aujourd'hui moniale à Escayrac. C'est elle, sœur Marie-Dominique, qui nous accueillit ce jour de mai, comme elle-même avait été accueillie quelques années plus tôt. Artiste peintre, elle partit, « ni vers Katmandou ni vers Moscou, mais vers Saint-Jacques-de-Compostelle, après avoir pensé à Jérusalem ». Départ de chez elle, en Suisse, au printemps 1990.

« Je suis partie comme on s'enfuit à vingt ans avec un amant, contre l'avis des parents, et sans rien demander. Mon amant était le Christ, mais je ne le savais pas. Il était si grand, si inconnu. Il était si proche, il m'avait séduite. Il s'est fait si petit, tellement accessible. Il m'a dit : "Viens-tu ?" J'ai répondu : "Oui."

« Le chemin historique, je ne l'ai trouvé qu'en Espagne, où des compagnons de route m'ont raconté l'histoire. À seize ans j'avais étudié l'art roman. C'est d'ailleurs pourquoi j'ai choisi de traverser la France, berceau de l'ordre cistercien, pour retrouver l'esprit de la cité et d'une société organisées en fonction d'une attente divine. L'art roman, c'est en Espagne que j'en ai saisi toute la dimension humaine et spirituelle. Je découvrais le monde, ouvrais les yeux, écoutais les enfants, mais aussi les passants, clochards, paysans ou voyous. Questionnais les prêtres. Tout au long du voyage on a veillé sur moi. Dieu, bien sûr, mais aussi chaque personne rencontrée. C'était comme si un signe était inscrit sur mon front. Tant de sympathie, tant de gentillesse, de générosité et d'amour ! J'ai beaucoup reçu sur ce chemin, mais que pouvais-je rendre en retour ? Je n'avais que ma vie. Alors je priais Dieu pour les autres, et j'allais.

« Je suis arrivée à Compostelle à six heures d'un soir de juillet. J'entrai dans la cathédrale alors que l'on y célébrait la messe. Voilà, j'y étais. Comme c'était simple. Au retour la marche vers l'est fut une relecture étonnante de mon pèlerinage. Je marchais seule, à contre-courant, croisant des centaines de pèlerins, ne reconnaissant pas toujours les paysages traversés. Qu'est-ce donc que le temps ? La mémoire ? Et la durée de la pensée ? J'ai marché vers l'est. Vers la France. Jusqu'à ce monastère qui m'avait accueillie quelques mois plus tôt. J'y suis maintenant depuis huit ans, vivant sur quelques centaines de mètres carrés de terre. Vie stable, à l'opposé de celle du pèlerin en marche. Pourtant il me semble que je voyage, poursuivant la même œuvre qu'alors : vivre avec Dieu, participer à l'œuvre de Rédemption par la prière.

« En 1990, je fus le seul pèlerin — la seule pèlerine — à frapper à la porte du monastère. À présent, c'est par dizaines qu'ils arrivent, je leur ouvre la porte du refuge, accueillant, servant hommes et femmes de toutes nationalités. Bien qu'ils me soient inconnus, il me semble les connaître, connaître leur fatigue, leurs doutes, deviner leurs questions. Je leur porte la nourriture que la communauté a gagnée par le travail, et le réconfort de l'esprit. C'est bien simple, nous voici comme des veilleurs, des porte-lanternes sur une tour de garde. Nous veillons sur le monde entier. Voici que des voyageurs se mettent en route et se laissent conduire loin de chez eux par un chemin. Ils partent, cherchent quelque chose, et quelque chose les conduit. C'est là tout le mystère des pèlerins. Le matin on ne connaît pas leur visage. On les attend. Le soir ils tendent leurs mains et disent un nom. Le matin ils s'en vont vers l'ouest, et nos prières les accompagnent. Nos histoires s'écrivent ensemble. Ils nous emmènent, et nous, nous les gardons en secret, en silence. Ce qui fait que nous nous ressemblons, nous moniales et eux pèlerins, c'est l'Invisible, qui nous tient. Qu'est-ce donc qui t'a mis en marche, pèlerin ? Qu'est-ce donc qui nous tient ici, veillant et priant au monastère ? Ce mystère qui fait que nous ne sommes pas enfants du néant, mais portes de lumière. »

Étape à Saint-Antoine-sur-l'Arratz, village né, au XIIe siècle, de la présence d'une commanderie de l'ordre des Antonins. Hôpital, église, commanderie, maisons particulières, commerces, remaniés, restaurés ; consolidés, les murs se confient à celui qui passe, révélant le plan ordinaire d'une colonisation hâtive. L'organisation de la cité est identique à celle que nous rencontrerons si souvent le long du Camino Francés, celle d'un bâti stratégique et utilitaire, conçu pour affronter les siècles. Réminiscence ? Pour la première fois depuis notre départ, nous avons le sentiment d'être en Espagne. Peut-être à cause de cette rue centrale, sorte de *calle mayor* avant la lettre, à moins que ce ne soit le portail mozarabe de l'église. Dans celle-ci, l'une des clefs de voûte est frappée du tau, ou croix grecque, attribut de saint Antoine le Grand, futur symbole franciscain. Le soir, madame Dupuy, épouse du maire, nous apporte à dîner dans le gîte situé à l'extrémité du village. À la même époque l'an dernier, elle avait reçu une soixantaine de pèlerins, et ce soir nous sommes les cent troisièmes. Michel a dormi ici la nuit dernière.

Pluie à répétition. Hier, aujourd'hui, demain, après-demain peut-être, chaque jour de nouvelles averses, venues de je ne sais où, succèdent à celles de la veille. Lorsque nous quittons le gîte, il fait gris et froid, la journée « en sera », pour reprendre l'expression des scouts du Puy. Hier, à la même heure, l'orage rendait l'air irrespirable. Pour ne pas nous crotter inutilement, nous privilégions les routes aux chemins, mais la pluie, elle, obstinée et vindicative, est partout pareille. Les kilomètres de goudron s'enchaînent : vingt-cinq — et quatre villages traversés — avant que nous trouvions un café ouvert. Triste réalité de la désertification des campagnes, même le bistrot, ce monument de convivialité que le monde entier nous enviait, est en voie de disparition.

En écrivant cela je n'ai pas envie de rire. Pas plus que ne me met en joie ce nouveau départ sous ce que la boulangère appelle aimablement un « grain ».

« Un grain qui ne devrait pas durer, notez bien, le beau temps va se planter.

— Quand ?

— Oh ça ! ça peut demander des jours… Une semaine, peut-être. »

Que j'aime ces verbes déclinés au conditionnel. Autant que les prévisions à long terme ! Marcher pour marcher, autant couper court, prendre droit le long de la départementale 7, nous privant de La Romieu — souvenir des romieux (pèlerins) — et de sa prestigieuse collégiale. À Condom, le soleil se risque enfin à revendiquer des droits. Dont celui de paraître.

Mais qu'est devenu Godescalc ? Perdu depuis longtemps déjà, oublié, peut-être noyé avec hommes et chevaux dans ces nuages bas courant les creux. À moins que, coupant court, il soit passé plus au sud. À quoi ressemblait-il ? À un prélat lettré, curieux du monde, pétri d'amour et de mansuétude pour son prochain, ou à l'un de ces moines soldats que l'on vit plus tard s'engager vers Jérusalem ? Pour le savoir il faudrait que j'aille en Italie, à Parme, dont la bibliothèque palatine possède une miniature le représentant en train de recevoir un écrit du moine Gomesano, du couvent Saint-Martin d'Albeda, où il fit étape. Que dit le texte du moine ? Il authentifie de façon formelle le passage du prélat dans ce couvent espagnol, aux alentours de l'an 951 : « L'évêque Godescalc, animé d'une manifeste dévotion, a quitté son pays d'Aquitaine, accompagné d'un grand cortège, se dirigeant vers l'extrémité de Galice pour toucher la miséricorde divine en implorant humblement la protection de l'apôtre saint Jacques *. »

À peine l'évêque s'éloigne-t-il qu'un homme bousculant deux siècles et demi d'oubli prend le relais du compagnonnage. Celui-ci, âgé de vingt-deux ans, est tailleur d'habits à Carlepont, en Picardie, où il est né. Il s'appelle Guillaume Manier — ou Magnier — et possède quelques biens, une maison et des terres, dont il vend deux parcelles pour partir à Compostelle **. Pourquoi ce départ ? Qu'est-ce qui justifie, dans un siècle, le XVIIIe, où les pèlerinages — et notamment celui de Galice — sont en déclin prononcé, que l'on se lance ainsi sur un chemin aussi risqué, alors que l'on se trouve établi dans une certaine aisance ? Une rencontre, la plus simple qui soit, celle d'enfants se rendant sur le tombeau de l'apôtre !

« Le 28 du mois de juin de cette année [1726] sont arrivés à Carlepont quatre petits garçons qui venaient de Saint-Claude en Franche-Comté, un Duger, un Varest, Brice Faivilet, Antoine Delorme. Ils furent reçus à l'entrée du village, à une croix nommée la Croix Minarde, avec le tambour et enseignes.

* Cité par Patrick HUCHET dans *Les Chemins de Compostelle en terre de France*, Éditions Ouest-France, 1997.

** *Pèlerinage d'un paysan picard à Saint-Jacques-de-Compostelle au commencement du XVIIIe siècle*, publié et annoté par le baron de BONNAULT D'HOUËT, Montdidier, Imprimerie Abel Radenez, 1890.

Ce fut monsieur Bonnedame, père du curé, qui les a reçus. [...] Ils ont fait le voyage en vingt-sept jours. »

Voilà, tout est dit et écrit. Car la chance que nous avons avec Manier, c'est qu'il consigne tout ce qu'il voit et vit, et que c'est ainsi qu'il nous léguera l'un des plus beaux récits d'une marche vers Compostelle *. La suite est simple. Le passage de ces enfants a jeté le trouble dans le village. Le tailleur n'est pas le seul à le croire, ses amis le pensent aussi.

« Et comme l'arrivée de ces petits pèlerins avait donné envie à quelques-uns d'en faire un plus long voyage, nous nous sommes trouvés à trois du même sentiment pour aller à Saint-Jacques, en Galices *[sic]*, et pour cet effet avons pris les mesures pour cela... »

Mesures ordinaires à tout pèlerinage : confesse, testament, certificat de baptême, recommandations de l'évêque et du maire, commande des bourdons au menuisier du village. Le curé, nous dit Manier, applaudit le dessein des jeunes gens : Jean Hermand, âgé de vingt-sept ans, et Antoine Delaplaces, surnommé Delorme, âgé de vingt-neuf ans. Au dernier moment, alors qu'ils s'apprêtent à quitter leur village, le 26 août 1726 à midi, ils sont rejoints par un quatrième compère : Antoine Vaudry. Ceux-là vont nous accompagner longtemps, quatre parmi tant d'autres, sur les chemins du sud et bientôt d'Espagne.

Rencontré Luc Adrian **, journaliste à *Famille chrétienne*, parti de Sainte-Anne-d'Auray pour rallier Lourdes. Marché quelques heures avec lui avant

* Récit malheureusement quasi introuvable, car il ne fut édité qu'à deux cents exemplaires en 1890.

** Auteur de *Foi dite en passant* (Presses de la Renaissance, 1997), qui relate, non sans humour, cette expérience.

que nos chemins ne divergent. Plus que la fatigue, l'intempérie, les contrariétés ou les petits bobos, la séparation même provisoire d'avec un compagnon est à mes yeux ce qu'il y a de plus pénible sur ce chemin. Pour Luc, cette séparation est totale. Ni le temps ni la distance ne permettront que nous nous retrouvions, ombres fuyantes, le long d'un fossé, à un croisement de routes. Nous nous reverrons sans doute, sûrement même, plus tard, mais dans un autre projet, dans ce que l'on appelle, faute de terme adapté, la « représentation sociale ».

Depuis plusieurs jours, Gisèle est souffrante. Attaque de grippe, puis bronchite, avec fièvre et quintes de toux. L'abandon n'est plus exclu. Pour le moment, nous réduisons nos étapes à quinze kilomètres, mais ceux-ci se révèlent encore trop pénibles pour elle. J'ai soulagé son sac au maximum, cela ne suffit pas : descendre à dix kilomètres ou arrêter. Lorsque j'évoque ces possibilités, elle pleure, s'accroche, dit que cela ira mieux demain, mais de jour en jour le mal s'installe, prend ses aises dans un corps fragilisé par la fatigue. Ce matin je me suis enquis d'un médecin dans les quelques villages traversés. En vain.

« Ici, m'a dit l'unique pharmacien rencontré, c'est moi qui fais tout. Je suis aussi un peu infirmier, et sais m'occuper des bêtes. Que voulez-vous, nous revenons au XIXe siècle. Ne vous fiez pas à vos yeux. Derrière les façades que vous voyez, il n'y a que du vide, de l'absence. Ici c'est le village Canada Dry, ça a l'apparence d'un village, le nom d'un village, mais ça n'en est pas un. »

Pour tout médicament il m'a vendu des gommes de camphre.

« Dix par jour maximum. Méfiez-vous, ça assomme. Mais à votre place, moi, c'est le train que je prendrais. »

Du camphre ! Durant quelques secondes, je me suis cru chez monsieur Homais à Yonville, dans les années 1850.

Hébergement rudimentaire dans les baraquements d'un chantier de fouilles archéologiques à Séviac. Luc, retrouvé à Montréal-du-Gers, est venu nous faire ses adieux. Tout cela n'est pas bien gai, et les squelettes exposés sur le chantier, pompeusement baptisés « les amants de Séviac », ne génèrent pas franchement la joie. Partout la poussière, sous les pas, dans l'air et dans les courants d'air, sur les lits et dans les couvertures, comme dans les quintes de toux de Gisèle. Triste fin de semaine aussi grise que le temps. Les paysans parlent d'un printemps pourri, citent des années « où tout commença comme ça, en mai, vous connaissez la suite ». Je ne me souviens pas, mais eux, formels, assènent des dates. Je dis « Effectivement » sans trop y croire.

J'ai la tête ailleurs, préoccupé par les signes avant-coureurs d'une capitulation possible. Pas un jour où nous ne parlions d'arrêter, d'abandonner le chemin, provisoirement bien sûr, un an ou deux, pas plus... Paroles de contrebande lâchées du bout des lèvres, presque en baissant la voix. Renoncement en pointillé, les mots tombent et s'effacent, honteux — « demain, peut-être, si nous trouvons une gare, ou au premier autocar rencontré ». Mais les trains, nous le savons bien, ont depuis longtemps déserté les pays que nous traversons. Quant aux cars, si nous les cherchions vraiment nous en trouverions. Dans le pire des cas, quel taxi ne nous conduirait pas à la gare routière d'une ville importante ? Arrêter ! L'état de santé de Gisèle le justifierait certainement ; pourtant, à Montréal-du-Gers, dont le curé me ferme les portes de l'église sous le nez « parce qu'il est l'heure », dans les ultimes minutes d'une reddition annoncée, le plus touché c'est moi. Non sur le plan physique, mais à cause d'un moral caméléon qui, à la moindre occasion, se débande, me laissant démuni face aux vieux démons du doute braillant à tue-tête : « Que fais-tu, compère, sur ce foutu chemin ? »

La question n'est pas nouvelle et la voix m'est connue.

Ce sont elles qui, il y a moins de deux ans sur le Camino Francés, m'accompagnèrent comme des chiens de veille. Que fais-tu là, compère ? Une fois de plus, une fois encore, je cherche à comprendre pourquoi — et comment — ce chemin a pu prendre une telle importance dans ma vie. À la question du comment je peux répondre sans risque d'erreur : « Par effraction », sans expliquer ce qui rendit celle-ci possible. Quant au pourquoi, je ne l'aborde pas, ou peu, et toujours en situation de légitime défense. Parce que, juste retour des choses, c'est la question que l'on me pose régulièrement. « Et vous, pourquoi ? » Répondre : « Par erreur » ne serait pas honnête. Même si, quittant Le Puy-en-Velay en juin 1990, je croyais me trouver sur un chemin de randonnée semblable, ou peu s'en faut, à la ribambelle qui le précédait, l'erreur ni la tromperie ne peuvent s'invoquer. D'autant qu'il s'agissait bien d'un chemin de Saint-Jacques-de-Compostelle, dûment authentifié sur ma carte, et que j'avais les yeux assez ouverts pour décrypter les signes. Pas assez, sans doute, puisque je n'ai ni vu ni compris ce qui se passait lorsqu'il s'est révélé pour ce qu'il était : différent. Différent de ce que j'attendais, s'entend. Plus vrai, plus grand, lourd à porter aussi, mais j'entre là dans une histoire dont je n'ai pas fini de débrouiller les fils, et reviens donc à l'essentiel.

Avec ou contre mon gré, je marchais donc vers Compostelle, dont je savais, même incapable de la situer sur une carte, qu'il s'agissait d'une ville d'Espagne. Est-il utile d'ajouter que son apôtre m'était parfaitement inconnu? Quant au nom de Saint-Jacques, il incarnait pour moi le souvenir d'une rue pentue où je jouais enfant, près de l'octroi de Paris, dans les faubourgs de Rennes. Merveilleuse rue Saint-Jacques dont les cris de Pigeon vole ou Chat perché me visitent parfois la nuit; rue adolescente aux trottoirs inachevés, ruelle de genoux écorchés, du premier trouble amoureux et des serments écrits à la craie sur la palissade d'un jardin; rue débaptisée, pour je ne sais quelle raison, dégradée, déchue de son titre au profit d'un dénommé Durafour. Bien malin qui saurait justifier d'une rue Saint-Jacques en cet endroit, où l'on ne vit sans doute jamais l'ombre d'un pèlerin, ceux-ci ne connaissant de la ville que les quartiers ouest, ceux de la cathédrale et de l'actuel Champ-Jacquet, à l'opposé de nos faubourgs.

On comprendra que même chargé de souvenirs d'enfance le bagage était trop mince pour constituer la manne d'un pèlerin. Il y faut des choses plus consistantes, une foi sans faille, le désir d'accomplir un vœu, voire une pénitence. Denrées que je ne possédais pas, ni n'avais le désir d'acquérir. Pourtant, trois jours plus tard, dans les forêts de Margeride, je savais que je ne marchais pas sur un chemin ordinaire, et certainement pas sur un sentier de randonnée. Pourquoi? Ce soir, dans le chantier archéologique de Séviac abandonné au vent de poussière, la question ne se pose pas vraiment. Assis sur les fondations d'un baptistère wisigoth, je commence la lecture des Actes des Apôtres, en compagnie de deux chiens et de trois chats.

Dimanche 4 juin 1995. Jour après jour, nous descendons plein sud vers la partie la plus boisée du Gers. Parlé avec de nombreux paysans dont les plus vieux, lorsqu'ils savent que nous sommes bretons, évoquent fatalement leurs souvenirs de guerre. Nous sommes en Armagnac, terre de combats et de capitaines aventureux dont les noms claquèrent longtemps, secs comme des coups d'arquebuse, sur les champs de bataille. Après avoir longtemps protégé Montréal, la ferme-redoute de Sallepisan et le château de Montaut témoignent de ce passé tumultueux dans une sorte de vieillesse heureuse. Mais pourquoi le chemin actuel évite-t-il le très beau village de Lagraulet-du-Gers, dont l'église recèle dans ses chapelles latérales, sculptés dans la pierre, coquilles, bourdons et chapelets, ainsi qu'un pèlerin muni de sa gourde ? Cette question vaut également pour le village de Larresingle, aujourd'hui placé hors sentier, à moins d'un kilomètre du GR et de la superbe abbaye de Flaran, dont le musée du pèlerinage justifie à lui seul le détour. En fait, ces lieux jacquaires dispersés, mais historiquement établis, confortent la présence de plusieurs chemins sur un même itinéraire, et leur déplacement au cours des siècles.

Arrivés à Eauze pour apprendre que le gîte n'existe plus. Une seule chambre disponible dans le seul hôtel ouvert. Ouf ! Rencontré un pèlerin lui aussi parti du Puy. Il marche en arborant sur la poitrine une croix de bois de communiant qui le fait prendre pour un religieux. Ce qui, bien qu'il s'en défende, le flatte. Ce soir, sommes allés tous les deux faire viser le *credencial* au presbytère. Le prêtre qui nous a reçus s'est montré chaleureux, jusqu'au moment où je lui ai demandé ce qu'il pensait du renouveau du pèlerinage de Saint-Jacques.

« Je n'y crois pas, pas du tout même, et c'est tant mieux ! L'église n'a rien à gagner avec ce genre de manifestations qui doivent leur succès à la mode. Nous avons assez de problèmes à résoudre comme cela sans nous en créer de nouveaux. Les gens vont à Compostelle ! Bien ! C'est mieux que de rester devant leur télé. Mais la foi, c'est autre chose ! »

Décontenancés, nous avons regagné l'hôtel, mon compagnon vitupérant « les curés rouges, dignes héritiers des cathos de gauche nourris de socialisme et de lecture de *Témoignage chrétien* ».

Nous avons dû franchir aujourd'hui le cap des six cents kilomètres. L'Église est-elle aussi absente du chemin qu'on veut bien le dire ? Je n'en suis pas certain. La situation dans laquelle elle se trouve aujourd'hui, le vieillissement du clergé, la chute des vocations, peut-être aussi l'absence de clairvoyance de la hiérarchie au moment où le phénomène pèlerin, notamment jacobite, s'est de nouveau manifesté, peuvent paraître comme autant de rendez-vous manqués. Et certes ils le sont, vis-à-vis d'hommes et de femmes en recherche de spiritualité, déçus par un message officiel figé, jugé inadapté aux réalités humaines et sociales de l'époque.

« On dit que les églises se dépeuplent, d'accord, mais le peu de gens qui les fréquentent sont plus croyants qu'il y a trente ou quarante ans. Moi je vois bien ce qui se passe autour de moi : les gens sont plus fervents, plus authentiques. Les jeunes surtout, et ce sont eux qui incarnent l'avenir, pas les m'as-tu-vu du dimanche ! Et puis nous traversons une époque difficile sur le plan des idéologies, des croyances. La politique a sonné le signal de la méfiance généralisée. Pas seulement en France, partout, dans tous les pays du monde. L'effondrement du communisme n'est quand même pas rien ! Même si on le souhaitait, même si l'on doit s'en réjouir, ça laisse un vide idéologique énorme. Alors les gens cherchent et se raccrochent à ce qu'ils avaient rejeté par idéologie politique plus que de façon réfléchie. La plupart de ceux qui se disent non-croyants n'ont jamais ouvert la Bible ni ne connaissent les Écritures. Cela peut faire rêver, mais enfin bon.

« Cela dit, c'est vrai que l'Église traverse une crise

assez grave. Une crise de confiance née d'attentes non satisfaites. Le succès actuel des pèlerinages est peut-être un signe de ce malaise, la recherche d'une autre démarche religieuse. Encore que lorsque tu vas à Compostelle, c'est quoi le symbole vers lequel tu marches ? Un apôtre ! Qu'on le veuille ou non, catho croyant ou non croyant, le type qui se trouve sur le chemin est dans une symbolique chrétienne. Personnellement je ne me pose pas ce genre de questions. Je vais, et ensuite j'essaie d'être pèlerin, chaque jour de l'année. J'essaie de mettre en pratique les leçons reçues du Camino, la tolérance, l'entraide, la fraternité. Tu vois ce type qui est né il y a deux mille ans et qui a dit « Aimez-vous les uns les autres » ? Eh bien, j'en ai fait mon copain de tous les jours, et cette phrase est la plus belle que je connaisse avec le mot hébreux *Shalom* ! Paix ! » (Guy A., Montereau.)

Crise de confiance, malaise. À quel moment précis d'un siècle aussi tumultueux que le nôtre se situe le divorce ? J'ai beau jeu de me poser ces questions, moi qui navigue allégrement entre les écueils du doute et ceux de la foi. Moi qui vais répétant après Clément Rosset qu'« il n'est pas de force plus douteuse que l'espérance ». Il n'empêche que certains de nos compagnons vivent mal leurs rapports avec l'Église. Cela se sent dans les conversations, où l'Église d'avant l'Église, la primordiale, l'authentique, revient régulièrement, au même titre que les Évangiles, les cénobites, les ermites. Paroles d'espoir de croyants déçus ? Le retour au passé lointain, ce temps idéalisé des « premiers âges », serait-il vraiment, comme certains de mes compagnons le pensent, la solution idéale ? Personnellement j'en doute, mais je me tais, par respect pour la plainte. Combien d'entre eux assistent encore aux offices ? La plupart se disent croyants mais non pratiquants, distants des sacrements, absents de la vie des paroisses, en attente d'« autre chose ». De quoi au juste ? Peu le savent. Ce qui permet de combler le vide à coups de religions parallèles, de théories abstraites ou puisées dans le New Age. Le désarroi de quelques-uns est à la hauteur de leur attente : incommensurable.

À ce stade de la réflexion, pourquoi le chemin de Compostelle n'offrirait-il pas, au-delà de l'expérience personnelle, un creuset de réflexion sur cette nouvelle forme de spiritualité, moins abstraite, plus vivante et présente au quotidien, que chacun semble revendiquer ? Bien entendu, la phrase de Malraux annonçant « la possibilité d'un événement spirituel à l'échelle planétaire » m'a été assenée des dizaines de fois, accompagnée du sempiternel : « Le XXIe siècle sera spirituel ou ne sera pas. » Phrase boiteuse, dont je n'ai jamais bien saisi le sens. Malraux l'a-t-il seulement prononcée ? Sous une autre forme, Rimbaud a dit, me semble-t-il, la même chose ou peu s'en faut pour notre siècle, sans que l'on s'en émeuve.

« Il nous faut revenir sur la notion d'Église, qui a été trop cléricale, ou cléricalisée. Quand on dit aujourd'hui Église, on la restreint à une présence de religieux ou de prêtres. Mais depuis Vatican II, cette Église est de nouveau ce qu'elle était : le peuple de Dieu. C'est pourquoi elle est présente sur le chemin — je pense à l'hospitalité Saint-Jacques d'Estaing, à Conques, sans oublier La Cassagnole, qui partagent les mêmes préoccupations sous des formes différentes. Tous ces lieux sont lieux d'accueil au sens chrétien du terme. À travers eux se tisse un réseau, une complémentarité où les laïcs prennent des engagements face aux pèlerins. Ceux-là ne sont pas exemplaires, mais un exemple de ce que peuvent être les chrétiens laïcs au service des autres, et notamment du pèlerin. Et grâce à certains prêtres ou religieux qui renvoient intelligemment le pèlerin vers ces laïcs, le chemin peut devenir, et redevient, l'Église du chemin. Reste, et nous y travaillons, l'intercommunion avec les pèlerins relevant d'autres religions. Je pense aux protestants, notamment. » (Frère Jean-Régis, Conques.)

Hier, des compagnons de rencontre, un couple et leurs enfants, partis de Lyon, m'ont demandé depuis quand je marchais. Je ne le savais plus. En fait cela faisait un peu plus de trois semaines mais aurait tout aussi bien pu être trois heures ou deux siècles, tant la marche de longue durée abolit vite nos repères.

« Je marche depuis longtemps, ai-je répondu, depuis toujours, depuis l'Exode peut-être, et ce n'est pas fini. »

Nous avons ri, mais pendant quelques secondes il m'a semblé que je croyais à ce que je venais de dire. C'est peut-être la lecture de l'Évangile de Luc qui m'a fait dire cela. Scène étonnante que je revivrai, de façon différente mais très proche, quelques années plus tard, lors d'un reportage sur l'Exode, dans le désert du Négev. Un soir assez tard, sortant d'un canyon, nous arriverons devant la tente d'un Bédouin. Fatigue, chaleur, peu d'envie de monter le camp, nous demanderons l'hospitalité à l'occupant des lieux. Temps de réflexion, conciliabule avec notre guide israélien, avant qu'une question ne tombe : « Tes amis croient-ils au Livre ? » Nous serons quatre à répondre par l'affirmative.

« Alors, soyez les bienvenus chez moi. » Nous serons cinq — un protestant, un juif, deux catholiques et notre hôte, musulman — réunis autour d'un livre unique et néanmoins pluriel.

Au gîte municipal de Nogaro, une vingtaine de personnes sont rassemblées autour de tables disposées sous les ombrages.

« Vous êtes pèlerins ? De Compostelle ! Et d'où vous venez comme cela ? Ouille, ouille, ouille, du

Puy ! Oh ! papy, tu te rends compte, en trois semaines ! Bien sûr vous prenez l'apéritif avec nous, si si, j'y tiens. Je suis le père de la petite qui a fait sa communion hier. Aujourd'hui c'est le retour de communion. Oui, chez nous ça existe. Comme pour le mariage. Histoire de finir les restes. Morgane, viens dire bonjour aux pèlerins. »

C'est ainsi que nous nous retrouvons tous les trois à table, face à Morgane, un peu étonnée de voir devant elle ces drôles de bonnes gens tout droit sortis de ses livres de contes. Bien entendu l'apéritif se prolonge par un repas comme je n'en ai jamais fait. Flop, pousse-rapière, deux foies gras, faits maison par les deux grands-mères, pot-au-feu froid en sauce, poulet farci, rôti de veau aux cèpes, dinde et haricots verts, fromages, croustade à l'armagnac, vins blanc et rouge, armagnac — tous alcools maison —, café. En fait, les restes nous retiennent trois heures à table devant des produits délicieux et des cuisinières hors pair. Quel pays ! Quelles gens ! Lorsque nous sortons de table, je pense que l'heure de la capitulation a sonné. Que les adieux au chemin ont été fastueux, et que demain nous dormirons notre soûl avant de nous préoccuper d'un train. Mais les grands-parents de Morgane, de souche espagnole, dont une grand-mère galicienne, tiennent à nous faire visiter le pays, en voiture, avec arrêts dans leurs fermes. C'est ainsi qu'au détour d'une départementale nous découvrons les Pyrénées, dont nous ne pensions pas nous trouver si proches. Un peu moins de cent soixante-dix kilomètres nous en séparent, pas plus d'une petite semaine. Cette découverte annule provisoirement toute idée de capitulation.

Aire-sur-l'Adour, Miramont-Sansacq. Nous perdons notre compagnon pour retrouver Georges,

Ruth et Anno. Conséquence du repas pantagruélique de Nogaro, ou efficacité des gommes de camphre, l'état de santé de Gisèle s'améliore de jour en jour. À mesure que nous approchons des Pyrénées, le pays se vallonne, la culture cède le pas à l'élevage, les bovins dominent. Depuis notre départ, c'est tout un pan de la France que nous avons non seulement traversé, mais appréhendé dans ses diversités. Agriculture, élevage, parlers — accents et vocabulaire —, architecture, gastronomie, tout authentifie un pays par rapport à un autre, le plus souvent son voisin. Que dire des coutumes que nous n'avons pas le temps d'aborder. Je pense que les chemineaux sont, dans nos temps de vitesse et de précipitation, des gens privilégiés. N'est-ce pas un luxe d'aller de la sorte, en flânant, libre de ses heures et de lendemains qui n'appartiennent qu'à soi ?

« L'homme a besoin de redécouvrir son rythme propre d'homme, et seule la marche peut le réconcilier avec lui-même, en le sortant d'un tourbillon d'accélération qui l'étourdit. L'image de l'*Homo viator* symbolise bien cette démarche. » (Frère Renaud, abbaye de Mondaye.)

À sept kilomètres de Miramont-Sansacq, longue pause à la touchante église Saint-Jacques de Sansac, dans laquelle les jeunes Allemands ont passé la nuit. Construite au XIe siècle, elle comporte un auvent sous lequel les pèlerins dormaient ou priaient ; un hôpital la jouxte, reconverti en bâtiment sacerdotal, peut-être un presbytère. Belle émotion que ce vestige de l'épopée jacobite, seul au milieu d'une riche végétation, oublié de la route et sans doute de beaucoup de ceux qui vivent dans les villages voisins. Un oubli qui se serait vite révélé mortel si le renouveau du chemin n'avait changé la donne.

Cinq kilomètres plus loin, dans un petit cimetière, près d'une chapelle romane en ruine, deux tombes nous arrêtent, celles de templiers inhumés ici, du temps de la splendeur de la chapelle qu'ils virent peut-être sortir de terre.

Arzacq-Arraziguet, combien de villages jusqu'alors inconnus prennent place désormais dans nos mémoires ! Villages aux noms parfois compliqués, cités et bourgs au passé violent, comme les frontières qu'ils cadastraient. Arzacq naquit « du temps où les Anglais faisaient la loi ici » d'une bastide dont il ne reste rien. Le soir, au café, j'ai longtemps écouté les consommateurs échanger les petits riens où s'inscrivait l'histoire d'un jour très ordinaire quelque part en France. Les nouvelles tombant du poste de télévision, que nul n'écoutait, semblaient parfaitement incongrues, à mille lieues des préoccupations courant le long du zinc : cours du mouton et des bovins — « mais attention, hein, sur pied » —, céréales, et l'équipe de foot — ou de rugby — dont il faudra changer « la ligne d'attaque à la saison prochaine, si l'on veut monter ». L'autre matin, à la sortie de Nogaro, un vieil homme nous a interpellés :

« Je vous accompagnerais bien, vous savez, mais je suis presque aveugle. Je ne peux même plus aller à la pêche. Il n'y a que le jardin où je peux m'occuper, car là il n'y a pas trop à voir. Je sens les choses qui poussent. Celles qui ont besoin d'eau. Souvent je les touche et leur parle. »

Comme Gisèle lui disait qu'arrivée à Compostelle elle prierait pour lui, il a répondu :

« Ne perdez pas votre temps pour moi. Offrez vos prières à d'autres qui en ont plus besoin. J'ai fait mon temps. »

Avons fait la connaissance au gîte de trois Normands, deux hommes et une femme, partis du Puy le même jour que nous, et jamais rencontrés : mystère du chemin. Quel sentier à double voie, quel aiguillage invisible nous sépara d'eux ?

Départ d'Arzacq au petit jour. Les lapins n'ont pas terminé leur nuit, que nous commençons notre journée. Celle-ci, d'après la météo, devrait être belle et chaude. Une heure plus tard nous retrouvons Georges, le solitaire, pliant sa tente dans un champ au bout duquel nous nous perdons. C'est ainsi que nous arrivons à une ferme, où un jeune paysan nous accueille en riant :

« Quand je vous ai vus empêtrés de la sorte, j'ai dit à ma femme : "En voilà deux de pris. Du coup on les a chez nous." C'est toujours comme ça, le GR ne passe plus là, le pont qui permettait de franchir la rivière n'existe plus. Il faut aller à trois kilomètres sur la gauche. Mais ça, faut le savoir. En attendant, vous devez avoir le ventre vide. Entrez donc, ça va nous donner l'occasion d'en prendre un autre petit. »

Sur la table de la cuisine, beurre, miel, confitures, pain de six livres, gâteaux, un vrai festin. Tout est prêt.

« Normal ! Nous avons eu le temps, entre le moment où je vous ai vus sur la crête et votre arrivée chez nous. À deux minutes près, je sais le temps qu'il faut pour descendre ici, question d'habitude. »

Tous les deux la quarantaine, quatre enfants dont un est à Toulouse « à faire son temps, autrement dit le perdre quand j'en aurais tant besoin ». Militent au syndicat agricole. Mais elle, dit s'ennuyer loin de la ville. L'hiver, surtout.

« Vous avez vu le pays où nous sommes ? Et les villages… Non mais, vous avez vu les villages ? Vous n'y êtes pas entrés que déjà sortis. »

Nous avions vu, effectivement. Tous deux sont intéressés par Compostelle. Ont eu l'occasion d'héberger des pèlerins perdus, l'hiver dernier. D'autres, une autre année, arrivés de nuit, égarés dans les bois pendant des heures.

« Mais ils sont rares, parce que la plupart suivent

la crête. Ils se rallongent, d'ailleurs, mais ceux qui coupent, comme vous, se perdent la plupart du temps. Alors ça revient au même ! Quand je vous ai vus descendre la route, j'ai dit à ma femme : "Prépare les bols." »

Depuis une semaine, pas un jour où l'on ne nous ait parlé de Compostelle. La plupart du temps ce sont des paysans, connaissant parfaitement l'histoire du pèlerinage et de l'apôtre, et la signification de cette démarche. À leurs yeux nous ne sommes pas randonneurs, mais bien pèlerins, contrairement à l'Auvergne où, dans leur majorité, les gens semblaient plus indifférents, moins concernés. Plus que les distances parcourues, c'est le nombre de pèlerins qui les étonne. À les entendre, le chemin est fréquenté pratiquement toute l'année. Ce qu'à Noël dernier le frère Jean-Régis nous confirmait à Conques.

D'un autre paysan avec lequel je parlais ce matin sur le bord de la route, cette remarque en entendant le klaxon d'un commerçant en tournée : « Ici, on n'a pas à se plaindre. On ne manque de rien. On a même du poisson frais. » Je pensais qu'à vol d'oiseau, l'océan, où il n'était peut-être jamais allé, était tout proche.

Reçus par Jacques, curé d'Arthez-de-Béarn, qui met un local de son presbytère à la disposition des pèlerins*. Certes le lieu est étroit, sombre et peu propice à ce genre de destination, mais il a le mérite d'exister dans un village sans hôtel ni gîte, et l'homme est sympathique, ouvert autant que généreux. Faute de restaurant nous faisons notre popote, tandis que contredisant la météo la pluie tombe à verse. Le soir j'ai longtemps parlé avec notre hôte,

* Un gîte municipal est ouvert à Arthez depuis 1998.

passionné de Compostelle, avant de l'accompagner à la messe qu'il célébrait dans un village à six ou sept kilomètres d'Arthez.

« Oui, il y a une démarche religieuse autant que spirituelle sur ce chemin. Il y a des gens qui l'empruntent pour que, par leurs pieds, par le corps, par l'éclaircissement, certaines choses s'ordonnent dans leur tête. Cela correspond à un besoin né du monde où l'on vit, à une société injuste et surtout dure. Sur le chemin il y a de tout, des charmants et des moins charmants. Certains assistent aux offices. D'autres s'en foutent. L'an dernier, j'ai reçu plus de trois cents personnes sans problème. Cette année j'en compte une trentaine de reparties, parce que le lieu mis à leur disposition n'était pas assez confortable. Il faut dire que tout le monde vient ici, pèlerins, randonneurs, routards, et ma grande difficulté est d'offrir un accueil digne de ce nom à tout le monde, alors que je n'en ai ni les moyens financiers, ni l'espace, ni de temps. Tout chrétien se doit d'accueillir. Moi plus que tout autre. Mais comment ? Avec quoi ? Cette année il y a un gars qui a trouvé que je l'avais mal reçu. Il a écrit à l'évêque. Où va-t-on ? Dernièrement nous avons mis en place une équipe pastorale avec deux laïcs. Cela devrait aller mieux, mais jusqu'où si les pèlerins réclament ce que nous ne pouvons donner ? Ceux qui font la manche ? Oui, et alors. C'est vrai. Et après. Vous avez vu l'époque ?

« Les vrais pèlerins passent au printemps, en avril-mai, ou en automne, septembre-octobre. En juillet-août, ce sont surtout des vacanciers-randonneurs, parfois d'authentiques pèlerins, mais les vrais passent quand il n'y a personne ou pas grand-monde. Ce sont des solitaires. Ils marchent, mettent leurs pas dans les pas de millions de gens qui les ont précédés. C'est banal ce que je dis, tout le monde le sait, mais il n'empêche que cela suffit pour amorcer une recherche spirituelle authentique. D'autant que la marche de longue durée, on l'oublie trop souvent, c'est très difficile. Les reliques et la pénitence, c'est fini, terminé ! Heureusement, aujourd'hui, la démarche est authentique, plus spirituelle, plus intellectuelle. Plus culturelle aussi. Je suis souvent étonné par le niveau de connaissances et de réflexion de certains pèlerins. C'est vrai que les gens d'ici sont frappés par ce phénomène. Ceux des villages où je célèbre la messe, surtout, qui voient arriver des pèlerins parmi eux. Frappés et touchés, aussi. Des gens venus d'ailleurs, de très loin parfois, à pied, et qui sont là, avec eux. Ça les interroge, ceux d'ici, forcément. Ils en parlent. Parce que tous ces kilomètres, même pour de bons marcheurs, ce n'est pas de la frime. Il faut voir l'état dans lequel certains arrivent. Alors, bien sûr, après coup, ceux d'ici s'interrogent, et parfois viennent me demander : "Pourquoi ?" »

Réalité de la démographie religieuse en France dans les dernières années de ce siècle : Jacques est en charge de dix communes*. Combien de jeunes prêtres, comme lui, sont confrontés au même problème aujourd'hui ? Près de l'église où nous l'attendons après l'office, une plaque de marbre incrustée dans un mur pérennise la mémoire des mille et quelques paysans massacrés en ces lieux — en 1409 si ma mémoire est bonne — par une bande de routiers anglais. Ces paysans refusèrent de se soumettre à plus fort qu'eux et combattirent, avec quelles pauvres armes, contre une armée de mercenaires redoutée des plus grands capitaines. Pauvres gens, dont le sacrifice ne sauva rien, ni les femmes, ni le village, ni les quelques biens réduits au bétail. Combien de jours dura le pillage ? Scène d'un temps que

* Aujourd'hui associées en une seule paroisse de dix-sept communes, sous le nom de Saint-Jacques-en-Sevestre.

nous dirions autre si Serbie, Bosnie, Croatie et Ruanda ne nous la répétaient chaque jour. Pourquoi tous ces Oradour, et cette impunité du crime ? Interrogé Jacques sur ce sujet dans la voiture du retour vers Arthez.

« Je n'ai pas de réponse à ta question. En existe-t-il seulement une ? Regarde le ciel, ces étoiles : dans une heure elles seront encore plus belles, plus proches de nous, peut-être. »

Ces mots me ramènent à ceux d'Alphonse Dupront.

« La marche vers Compostelle est aussi une marche à l'étoile : des milliers et des milliers qui fixent au ciel la route de la terre, une route qui dans le ciel va droit au terme. Ce que doit être la route pèlerine *. »

Cent trente kilomètres nous séparent encore de Saint-Jean-Pied-de-Port.

Pluie au réveil. Départ assez laborieux après une nuit rythmée par la sarabande des souris et les lits Picot qui nous ont mis les côtes en long. Compte tenu de l'heure, nous ne verrons pas Jacques. Un autre jour peut-être ? Une autre fois sûrement. Choix de marcher le long des routes pour éviter les chemins détrempés, beaucoup de goudron en perspective. Journée maussade, à l'image du temps, mais mon cafard vient d'ailleurs, de plus loin, sans que je puisse en justifier la source, ou la raison. Fatigué de quoi, compère ? Tu marches mieux que jamais, à peine sens-tu ton sac, et le pays est si beau ! Je sais tout cela, et n'oublie pas que je suis ici par ma seule volonté. Personne ne m'a contraint à prendre le sac et le bourdon. Personne n'a ordonné ce départ ! Personne ? Mais alors, pourquoi partons-nous ? Et

* *Saint-Jacques-de-Compostelle. Puissance du pèlerinage,* Brépols, 1985.

pourquoi moi, justement, et sur ce chemin de flaques et de boue, et d'averses, et d'arbres qui s'ébrouent, et de… Pourquoi ? Heureusement, il y a encore ces centaines de kilomètres devant nous, le soleil d'Espagne, et assez de jours de marche pour espérer une réponse, la réponse qui vient, partie de l'ouest, à ma rencontre. Il y a eu cet instituteur qui nous aurait bien fait venir dans son école pour parler aux enfants, « mais c'est le jour de repos, et demain… », et cette dame âgée s'inquiétant de l'évolution de nos repentirs, persuadée que nous faisions acte de pénitence.

« C'est que vous savez, on en voit passer des pénitentiels. Eh, oui ! on en voit passer. Des Belges, surtout. »

Le pèlerinage pénitentiel date du XIIe siècle. Il servait alors de sanction canonique ou de sentence civile, certains pèlerins devant même, en aggravation de leur peine, l'accomplir enchaînés ou entravés. Tombée en désuétude, cette condamnation a été rétablie comme peine de substitution pour délits mineurs il y a une vingtaine d'années par une association flamande. Chaque année le chemin reçoit donc ses pénitentiels, quelques dizaines tout au plus dans les années fortes, jeunes pour la plupart, et toujours volontaires. Si rares soient-ils, leur présence frappe l'imagination de ceux qui les voient passer, à l'image de cette dame prête à jurer en rencontrer journellement. Ah chemin ! Que nous fais-tu voir, dire et penser ?

Image, images, quels souvenirs laissons-nous dans nos sillages ? Comment tous ces gens occupés que sont les sédentaires jugent-ils l'oisiveté supposée du nomade ? Très rares sont les jugements portés à l'emporte-pièce. Celui du paysan jovial :

« Et vous ne vous emmerdez pas tout seul comme

cela, dites ? Encore avec des copains, on peut rigoler… Ou avec une petite, je ne dis pas, on peut se distraire, mais tout seul ? » Apercevant Gisèle : « Oh ! pardon, madame, je crois que je déconne un peu. N'empêche que, hein, ça doit être long, votre truc, là ? »

Celui du retraité installé, et « trop heureux ici pour aller voir ailleurs » :

« De deux choses l'une : soit vous avez du temps et des moyens, et vous êtes des rentiers en balade ; soit vous avez des trucs à vous faire pardonner, vous êtes sans le sou, et vivez aux crochets des autres ! Je me trompe ? »

Mais plus que les bouches laissant tomber des paroles, ce sont les regards qui parlent le mieux, disent la sympathie ou l'hostilité, la moquerie ou l'admiration. Parfois l'envie.

« Un jour en Espagne, un paysan m'a invité à partager son repas. “Marcher comme cela, me dit-il, moi qui ne suis pas un homme de foi, j'aimerais mieux être en prison. — Non, Antonio, lui répondis-je, j'ai été en prison, c'est pire. On ne sait jamais quand on sortira, tandis que dans neuf jours j'arriverai à Compostelle. — Tu as raison, moi aussi j'ai été en prison pendant la guerre, je sais ce que tu dis… Je comprends, tu sais, il y en a qui sont fous d'une femme, et d'autres qui sont fous de Dieu.” » (Louis J., Sévrier.)

Arrivés sous des trombes d'eau à Navarrenx, mais, trempés comme nous le sommes depuis des heures, cela n'a qu'une importance très relative. Expressions trop souvent galvaudées, dépouillement et dénuement retrouvent ici leur sens. Contrairement à ce que l'on pense ordinairement, le fait de ne posséder dans son sac que le minimum de choses ne complique pas la vie, mais au contraire la simplifie, le choix se trouvant dicté en fonction de son utilité réelle.

Accueil par le père Sébastien Ihidoy dans son presbytère. Bien qu'il s'en défende, c'est l'une des figures les plus marquantes du chemin français. Novateur, esprit éclairé, il est l'un des rares à avoir compris, dès les premiers frémissements du chemin, l'importance qu'allait retrouver l'aller vers Compostelle. Homme de franc-parler, au regard malicieux et à l'accent rocailleux, il est de ce peuple de rudes Basques, intransigeant pour lui, généreux pour les autres. À ceux qui déplorent l'absence de l'Église sur ce chemin, je dis et répète ces noms, associés à ceux du Rouergue et du Quercy : Jacques d'Arthez, Ihidoy de Navarrenx, les franciscains de Saint-Palais, d'autres sûrement dont j'ignore l'existence. Sans doute avec ces quelques-uns sommes-nous loin du compte, mais au moins ceux-ci sont-ils là, présents et chaleureux, réconfortants par la parole autant que dans le silence, disponibles malgré l'urgence d'autres tâches, veilleurs sur le chemin, fenêtres allumées dans la nuit.

« C'est vrai que pour les gens, vous qui passez, les pèlerins, vous êtes forts. Et pourquoi ? Parce que vous êtes capables de partir, comme cela, en abandonnant tout. Nous, on est là, autour de notre petite vie, et vous, vous êtes des hommes et des femmes de grands moments. Vous réveillez en nous des choses pour lesquelles nous sommes faits et que nous ne réaliserons jamais. Chacun est fait pour l'aventure humaine, mais combien la vivent ? Les gens qui vous voient passer sont envieux de votre capacité à exposer votre faiblesse, et paradoxalement n'est-ce pas là, justement, votre force ? Paul nous dit : “Je porte une écharde dans ma chair.” On ne sait pas de quoi il s'agit. “Par trois fois j'ai supplié le Seigneur de m'en délivrer, et il m'a répondu : ‘Ma grâce te suffit.’ Eh bien, si je continue de marcher, la force de Dieu agit dans ma faiblesse.” L’écharde, il l’a toujours, mais il fait avec et poursuit sa vie, donc son chemin.

« Je me demande si la société actuelle n’a pas besoin de ces types qui passent, pèlerins ou chemineaux. Pour moi, pas de différence, je ne raisonne pas en termes de jugement. Un pèlerin recommandé par ses instances, son carnet, son évêque, et même le serait-il par le pape que cela ne changerait rien, je le considère et considérerai toujours dans et pour son cheminement. Sans être sûr d’ailleurs qu’il soit meilleur pèlerin qu’un autre. Mais ai-je besoin de certitudes ? Bien sûr que non, ou alors je juge. Et comment juger ? Vous pouvez me le dire, vous ? Quelqu’un qui n’a ni travail, ni famille, ni projet social, et part en se disant : Je vais chercher une vérité sur ce chemin, celui-là est à mes yeux un vrai pèlerin. Même s’il l’ignore ou nomme les choses autrement. C’est quelqu’un qui a besoin de faire SON chemin. Le fait qu’il soit capable de repartir chaque matin, quel que soit le temps, sac au dos, pour faire ses vingt ou trente kilomètres, sans savoir ce qui l’attend plus loin, où il dormira, si même il mangera, prouve que c’est un homme. Et un homme qui est debout. Profite-t-il des autres ? Pourquoi ne le ferait-il pas ? Soyons sérieux, dans une société qui laisse tant de gens démunis, pourquoi lui ne profiterait-il pas du chemin et de ses structures, dites-moi ? Et j’ajoute que moi qui suis homme d’Église, je lui dois un accueil qui soit digne de lui. Nous le voyons à chaque page de l’Évangile, Jésus accueille d’une manière privilégiée celui à qui personne ne fait attention. Agir de la sorte va à contresens d’une certaine logique humaine. Mais il faut accepter d’être à contre-courant de la société, et même parfois de l’Église. La liberté du croyant est à ce prix.

« Pour moi, le pèlerin, quel qu’il soit, est toujours

un chercheur. Le chercheur d'une vie plus humaine (c'est le dénominateur le plus commun), un chercheur de sens, un chercheur d'étoiles, un chercheur de Dieu (parfois sans le savoir) qui, pour trouver sa part de vérité, prend des risques dans une époque où l'on fait tout pour nous protéger, nous garantir, jusqu'à l'asphyxie. Démarche à contresens, démarche absolue, comment voulez-vous que ce soit toujours bien compris ? Les pèlerins, je vais vous dire que je les reconnais au premier coup d'œil, dans la rue, dans un groupe, sans sac, bourdon ou insigne, changés, douchés, propres comme des touristes. Je sais que ce ne sont pas des touristes, ni des randonneurs, mais des pèlerins. Je les reconnais, oui. Dans l'église, samedi dernier, il y en avait trois. Je les ai découverts dans la foule, rien qu'aux regards. Les pèlerins ont le regard qui irradie. C'est incontestable. D'autres vous le diront. Non pas le regard brûlé par le soleil ou la fatigue, non, un regard d'ailleurs. Ils irradient. Pourquoi ? Alors là… Sans doute ont-ils en eux une petite étoile. Parce que quelqu'un qui marche comme le pèlerin possède forcément en lui quelques rayons de l'étoile qu'il est en train de chercher. Et c'est cette parcelle d'étoile qui brille dans leurs yeux.

« J'ai reçu beaucoup de pèlerins. Je les ai écoutés. J'ai beaucoup appris, et j'aimerais que mes paroissiens bénéficient de cette richesse. Le passage des pèlerins, c'est comme dans un fleuve les courants profonds. Ceux que l'on ne voit pas, mais qui entraînent la masse du fleuve. Un courant qui annonce, peut-être, du moins je l'espère, une modification profonde de la société de demain. Pour moi, le renouveau de ce pèlerinage est un signe prometteur avec lequel l'Église aurait intérêt à se trouver plus en phase. Elle gagnerait à ouvrir ses portes et son cœur, à considérer les pèlerins comme des pionniers.

Puisque, comme le dit Jean-Paul II, “la route fondamentale de l’Église c’est l’Homme”, pourquoi cette Église délaisserait-elle ce chemin historique qui a façonné notre culture et qui trace aujourd’hui — pourquoi pas — la société de demain ? » (Père Sébastien Ihidoy, Navarrenx.)

Navarrenx

Dimanche 11 juin. Il y a un mois que nous sommes en chemin. Flânerie dans les rues de Navarrenx en attendant l'heure de la messe. Il est donc un peu plus de midi et demi lorsque nous franchissons les portes fortifiées de la ville. Il pleut, comme il pleuvra tout au long de cette vingtaine de kilomètres qui nous conduiront à Aroue, dans une ancienne grange reconvertie en gîte sommaire. Initialement nous avions pensé faire étape chez les franciscains de Saint-Palais, mais à l'heure à laquelle nous sommes partis la chose n'était guère possible. À Aroue nous retrouvons Georges, Ruth et Anno. Soirée chaleureuse chez la propriétaire du gîte, qui nous a préparé un excellent repas.

Nous allons à présent, de bosse en bosse, au-devant des Pyrénées qui se profilent, massives, sur l'horizon. Ce n'est pas encore la montagne, tout juste des collines, mais certaines manifestent leurs ambitions en nous coupant souffle et jarrets. Inconnus hier, de beaux villages blancs fleuris de géraniums se succèdent le long des départementales, que nous privilégions au détriment des chemins détrempés.

Sacrilège peut-être, crime de lèse-majesté sûrement, car, sortie du confort des bibliothèques universitaires, la controverse sur l'historicité des voies pèlerines résiste assez mal à la rude réalité des chaussures gorgées d'eau. Domezain-Berraute, Béhasque-Lapiste, Larribar-Sorhapuru, Uhart-Mixe, lequel de ces noms récalcitrants à la mémoire traversera le temps, pour émerger un soir, au détour de souvenirs qui s'égrènent ?

« En cheminant la rencontre est importante, de Dieu, de l'autre, de soi. Contemplation. Je ressens en ce lieu une force intérieure tranquille. Une spiritualité de relation. À tous les pèlerins sur le chemin de soi-même : Dieu est Amour. »

Ce texte a quitté le livre d'or d'un gîte pour m'accompagner sur le Camino. C'est un « dit » de pèlerin comme il s'en écrit chaque jour sur les registres de passage, à l'instant où le sang s'apaise et le corps se dénoue. Bien-être incertain, c'est aussi l'heure de vérité où les muscles se rebellent, et les plaies revendiquent. Conséquence de l'effort inscrit dans une durée, le repos est parfois, dans ses premiers instants du moins, très éloigné de la félicité escomptée.

Témoins muets, rapporteurs de génie, agents doubles ou pipelets : les registres de passage, appelés aussi livres d'or, en témoignent. La lecture de ceux de Conques, dont les plus anciens datent des années de l'avant-guerre, est à ce titre révélatrice de l'évolution du discours jacquaire. Ouverts aux fins d'un enregistrement des identités assez proche de celui réglementant l'hôtellerie, ils évoluent vingt ans plus tard vers le commentaire religieux, chant de gloire et *miserere* inclus, avant de s'alourdir, dans les années quatre-vingt qui marquent la résurrection du pèlerinage, de commentaires personnels parfois teintés de récriminations. Où sont passés doutes et certitudes ? Qu'est devenue la motivation initiale, l'étincelle qui mit le feu aux poudres, le mot ou l'illumination qui poussèrent sur la route, toutes affaires cessantes ? Où sont la foi et l'appel, le besoin d'être au monde et la quête spirituelle ? Oh ! bien sûr, tout cela existe, tapi entre les lignes, mais trop souvent à demi-mot, chuchoté, presque à regret. Les chrétiens pèlerins seraient-ils en passe de devenir aphones ? Rédigeant ces lignes devant le registre ouvert sur la table d'un gîte, je lis ces quatre mots, écrits avec application.

« Aujourd'hui je suis libre. »

Propos laconique à la limite du pléonasme, le pèlerin étant par définition l'homme le plus libre du monde. Celui-ci — celle-ci ? — s'affranchit de je ne sais quel poids de craintes ; reste à savoir si cette libération est due au chemin de Compostelle ou à la marche elle-même. Qui me dit que cette émancipation n'était pas possible ailleurs ? Lorsque j'en parle à mes compagnons, ils crient à la provocation. Selon eux, ce chemin ne serait pas une voie ordinaire, un chemin comme les autres, mais bien un chemin chargé de signes et de symboles, de forces et d'énergies. Paroles entendues, phrases lues et relues qui jamais n'arrivent à me convaincre, faute d'arguments décisifs. Je vais sur ce chemin chercher je ne sais quoi, marchant à l'estime entre tous les écueils possibles, comme un bateau la nuit dans une zone à risque. Pourquoi avons-nous tant de mal à traduire nos sentiments ? Si au moins cette inaptitude était nouvelle, nul doute que nous saurions rapidement en venir à bout, mais Raymond Oursel le dit :

« Aucun pèlerin du Moyen Âge ne s'est, qu'on le sache, exprimé sur ses états d'âme autrement que par banalités interchangeables. Mais, au terme d'une vie de vagabondages et de pérégrinations pédestres à travers les plaines et les monts qui, de Lombardie, des Flandres ou des pays rhodaniens, conduisent à Compostelle, il est frappant de constater que tous les frères de marche et de peine rencontrés et interrogés au bord du chemin reconnaissent sans exception aucune que, du pèlerinage de Saint-Jacques sur les traces de leurs pères, ils sont revenus changés, et que cette mutation, inexpliquée mais ressentie jusqu'au profond de leur moelle, a déterminé leur existence à venir *. »

Mes compagnons d'aujourd'hui n'échappent pas à la règle d'hier, ni moi non plus. Si au moins je pouvais, comme Guillaume Manier, justifier ma présence sur ce chemin par la rencontre de « quatre petits garçons venus de… ». Souvenir obsédant de cette phrase relevée sur le registre d'un gîte : « Le chemin est une vérité. »

Et si la vérité était, à elle seule, un chemin ?

« Je suis parti pour rejoindre Ronan, un ami qui était sur le chemin. Je l'ai retrouvé, non sans difficultés, à León. Lui marchait depuis cinquante jours peut-être, et j'arrive, comme ça, sans idée, sans trop savoir où j'étais. Nous sommes allés ainsi jusqu'à Compostelle. J'étais émerveillé par ce que je découvrais, l'Espagne, les paysages, les gens. C'est ce voyage qui m'a fait partir de nouveau. En France cette fois, du Puy. Je suis croyant et pratiquant. Ce pèlerinage a affermi ma foi, par la rencontre des autres surtout. Comme ces futurs mariés de Lauzerte, avec lesquels j'ai sympathisé à Conques où ils achevaient une retraite. Ils se mariaient la semaine suivante et m'ont invité. Promis ? Promis. Après je me suis dit qu'avec tout ce chemin ce n'était pas joué. Le jour du mariage, eux s'inquiétaient : "Est-il là le pèlerin… Viendra-t-il seulement ?" Ils tenaient à ma présence comme à un signe, tu vois, une promesse de bonheur. Je suis arrivé le soir. L'émotion ! Chaque table portait le nom d'une ville du chemin située entre Le Puy-en-Velay et Roncevaux ! C'était

* Raymond Oursel, *Les Chemins de Compostelle*, Éditions Zodiaque, 1984.

fait en mon honneur, tu vois, ça m'a ému. Et tu vois ma tenue, parmi tous ces costumes et ces robes ! Le lendemain j'ai repris la route, et eux, trois jours plus tard, sont partis en voyage de noces, pour une semaine, sur ce chemin. C'est ça, que veux-tu, Compostelle ! » (André L'H., Quimperlé.)

Le choix de couper court et plein sud nous éloigne de Saint-Palais et de sa maison franciscaine dont le nom basque, Zabalik, signifie « ouvert » en français. Plus tard je reviendrai voir et écouter le frère Jean-José, chargé de l'accueil à Zabalik :

« Il y a une dizaine d'années, nous recevions dans les soixante-dix ou quatre-vingts pèlerins, cinq cents l'an dernier ! Les gens sont davantage portés sur la marche, mais dans un sens de recherche personnelle. En recherche de sens. Incontestablement, il y a un attrait pour Compostelle, mais pourquoi le seul itinéraire du Puy ? Pourquoi pas les autres ? L'année sainte* a réveillé l'esprit pèlerin, l'actualité de l'Europe aussi. Compostelle est un symbole européen très fort, à condition qu'il serve à la rencontre de l'autre, des autres. L'humanité ne peut s'épanouir que dans la richesse de ses diversités culturelles et de langues, comme le montre, pour nous croyants, la fête de la Pentecôte.

« Par ailleurs, je constate qu'un grand nombre des gens reçus sont en recherche. Pas forcément de foi. C'est plus complexe. Se trouver soi-même, retrouver les autres. Ici les gens parlent de leur expérience, ils se vident en quelque sorte, et peut-être davantage à Nous qui les accueillons, et qu'ils ne reverront plus. Et puis il y a Dieu pour quelques-uns. Une

* Ne pas confondre l'année sainte compostellane (lorsque la Saint-Jacques, le 25 juillet, tombe un dimanche) avec l'année sainte romaine (tous les cinquante ans).

découverte ou une redécouverte. Nombreux sont ceux qui nous écrivent par la suite : “Saint-Jacques n’est pas important pour moi, ce qui l’est c’est le chemin = cheminement.” Le second mot a plusieurs sens pour un individu en recherche. Et quel homme, quelle femme, ne s’est jamais interrogé ? Chaque chrétien devrait être un pèlerin en esprit. Jésus est un chemin qui ne finit pas, et sûrement pas à Compostelle. Lorsque l’on s’arrête, qu’on s’installe, que peut-on attendre alors ? S’arrêter veut dire : Je tue mon choix, mon choix d’aller plus loin, de progresser. »

Annulant Saint-Palais, nous évitons également la stèle de Gibraltar censée marquer le point de réunion des trois chemins de France venant de Tours, Vézelay et Le Puy. Ce monument, qui ne doit pas dater de plus de quarante ans, illustre une fois de plus le désir de fixer à n’importe quel prix — et n’importe comment — des repères historiques sur le chemin. Ce repère-ci a toutes les chances d’être faux, ne serait-ce que par son environnement désertique, les foules réunies dans ces carrefours — comme à Puente la Reina — faisant immanquablement jaillir des villes conséquentes. Bref, on peut voir cette stèle discoïdale près du lieu-dit Hiriburia sans rougir, mais sans oublier non plus qu’il s’agit une fois encore d’un détournement de chemin, le vrai carrefour se situant au village d’Ostabat.

« La route qui passe par Sainte-Foy, celle qui traverse Saint-Léonard et celle qui passe par Saint-Martin se réunissent à Ostabat, et après avoir franchi le col de Cize elles rejoignent à Puente la Reina celle qui traverse le Somport ; de là un seul chemin conduit à Saint-Jacques. » (Aimery Picaud, vers 1140.)

Bien que je m’en défende, serais-je en train de rallier le clan des « puristes » de l’historicité des chemins ? Attention, compère, tu divagues, il en est des drailles comme des hommes, seuls ceux qui bougent et se déplacent vivent, les autres regardent l'éternité qui passe dans son cortège de secondes, juste le temps qu'il faut pour se fossiliser.

« Mais par endroits le GR 65 s'écarte forcément du chemin historique. Et pour cause : les voies anciennes sont, dans la majorité des cas, devenues des routes départementales, nationales... Aussi les puristes font-ils de la résistance. Dans certains départements, le Gers et les Pyrénées-Atlantiques notamment, les associations locales des amis de Saint-Jacques ont donc balisé leur propre chemin. Plus loin, en Espagne, on trouve parfois, parallèle à l'ancien chemin, une voie nouvelle parfaitement aménagée et même, à l'approche de León, une autoroute *camino de Santiago*. Tous les chemins mènent à Compostelle, certes. Mais par moments, c'est à y perdre son latin* ! »

Ostabat, qui compta cinq hôpitaux pèlerins et, en 1350, plus de vingt hostelleries, se réduit aujourd'hui à moins de trente maisons et deux commerces d'alimentation. Quelques kilomètres avant le village, le prieuré-hôpital Saint-Nicolas-d'Harambeltz, hospice tenu par des laïcs au XIIe siècle avant d'être repris par les Bénédictins, reçut des siècles durant « pauvres et pèlerins de passage ». Remaniée au XVIIe, l'église est aujourd'hui très souvent fermée et il faut beaucoup de patience et d'arguments pour approcher le très beau saint Jacques polychrome qui, comme la chapelle, souffre d'un dangereux abandon. Situation particulière autant que paradoxale, ce monument historique appartient en biens indivis à quatre familles du hameau, descendants des « donats » (communauté

* Raymonde Rodde, entretien avec Jérôme Cordelier, *Le Point*, 11 juillet 1998.

laïque) qui, au Moyen Âge, assuraient l'hébergement des jacquets*.

Tandis que je visite l'église, ma pensée va vers Martin Gawol, mort le 5 octobre 1994, à l'âge de soixante-douze ans, à moins d'un kilomètre d'Harambeltz et de son apôtre, vers lesquels il marchait. Il mourut à même le chemin, au bord du fossé, où une croix de bois appelle au recueillement ou à la prière du passant. Parti d'Allemagne, Martin ne devait jamais revoir les siens, ni sa terre, ni l'église qui avait carillonné à son départ. S'il revint chez lui, ce fut dans le cercueil frappé de la coquille. Mais sa demeure est ici, dans ce fond de vallée, sur cette allée de chênes multicentenaires qui recueillit son dernier souffle. On se souvient de lui, de sa mort solitaire. Respectueuse autant que fidèle, la mémoire paysanne a déjà reconnu celui-là comme l'un des siens, et c'est à ce titre qu'elle le léguera aux enfants à naître. Pour moi qui vais et passe, au-delà des frontières et des fleuves, par-delà langues, peuples et pays, à cent lieues de la foi ou du doute, Martin Gawol est devenu LE chemin. Un chemin qu'il parcourt désormais dans mon ombre, une voie tracée par des signes, à moins que ce ne soit par un astre perdu. Comme lui.

« La première fois que je suis allé à Saint-Jacques-de-Compostelle, j'avais trente-trois ans. C'était en 1956. Il n'y avait personne sur le chemin, qui bien sûr n'était pas balisé. Aucune carte disponible. Sécurité militaire oblige ! J'avançais donc par sauts de puce, de village en village, d'un renseignement l'autre. On me disait : “Moi je connais jusque-là, ensuite tu demanderas.” Mais l'accueil des Espagnols était

* Voir Patrick Huchet, *Les Chemins de Compostelle en terre de France*, Éditions Ouest-France, 1997.

extraordinaire. Le pays était fermé au tourisme, et moi je passais avec mon sac à dos, libre en quelque sorte, alors les paysans m'accueillaient avec une de ces joies ! J'étais l'hôte de marque, on me donnait les meilleures choses, le lit matrimonial.

« Compostelle, c'est un nom qui m'a toujours fasciné. Enfant j'en rêvais déjà, mais c'est ma femme qui, en m'offrant le livre d'Aimery Picaud, a mis le feu aux poudres. Par la suite j'y suis retourné. En tout, jusqu'à aujourd'hui, dix-huit fois, en partant au moins de Saint-Jean-Pied-de-Port, mais aussi plusieurs fois de Genève, Annecy, ou du Somport. Je ne compte pas les partielles de quelques centaines de kilomètres que je fais chaque année. Alors évidemment je me suis fait des amitiés très fortes sur ce chemin, en Espagne surtout, et aujourd'hui ce sont les enfants ou les petits-enfants de ces gens qui viennent chez moi, et que je reçois comme un jour leur famille me reçut. C'est ça aussi Compostelle. » (Louis J., Sévrier.)

Dans le quartier bas du village d'Ostabat, où il y avait des haltes pèlerines pouvant recevoir jusqu'à cinq mille personnes, ne subsiste de l'épopée jacquaire que la maison Ospitalia, propriété de la famille Etcheparreborde, ancien hôpital reconverti en bâtiment agricole, aujourd'hui gîte d'étape. L'actuel propriétaire, Arnaud, est connu de tous ceux qui se sont arrêtés dans le village. Bien qu'il s'en défende, il est l'une des figures de ce chemin. Chaque soir, sa journée terminée, il rend visite à *ses p*èlerins, offrant œufs, tomates ou autres produits de son jardin.

« Ce n'est pas réellement un cadeau, juste un petit coup de pouce parce qu'ils n'ont pas toujours de quoi manger, ou les moyens pour acheter des provisions. Ça me permet de faire un geste, je n'ai pas l'impression que c'est unique, à Navarrenx aussi on le fait.

C'est la même intention. Même français, le pèlerin est un étranger, quelqu'un dont vous ne saurez rien et que vous ne reverrez jamais. Parfois ils m'envoient des cartes postales de Compostelle. Parfois ils reviennent avec leur femme et leurs enfants. Ils disent : "C'est là que j'étais." Je reçois des gens du monde entier, si bien que j'ai l'impression de connaître leur pays rien qu'à les écouter. C'est drôle…

« Quand j'ai ouvert ce gîte, je ne savais pas l'importance que prendrait Compostelle. Je possédais ce bâtiment, connaissais son passé, sa raison d'être, je lui ai redonné sa vocation première, c'est tout. En 1988, année d'ouverture, j'ai reçu trente-cinq personnes, l'an dernier six cents et quelques. Pèlerins ou randonneurs, ce n'est pas toujours très clair, mais je ne questionne jamais : j'écoute, et ceux qui disent : "Je vais vers l'apôtre, ou vers saint Jacques", je sais que ceux-là sont pèlerins. N'importe comment, la proximité des Pyrénées rend les choses plus simples. Ceux qui arrivent ici ont marché trop longtemps pour être des vacanciers. Parfois je les accompagne chez le médecin. Il y en a auxquels il faut remonter le moral, ou qu'il faut écouter. Tous les ans il y en a qui abandonnent ici, je ne vous dis pas la déception ! Je les emmène à la gare. Les gens d'Ostabat ont d'abord été surpris de l'affluence des pèlerins. Aujourd'hui ils sont ravis. Tous ces gens qui s'arrêtent se souviendront d'Ostabat. Ils en parleront, forcément. C'est un peu du village qu'ils emmènent avec eux. S'il n'y avait pas ce chemin, personne ne viendrait ici, ni ne parlerait de nous. Moi, je fais ce que je peux, aussi bien que je peux, c'est tout. Le principal, c'est eux, les pèlerins qui font le chemin en allant là-bas. » (Arnaud E., Ostabat.)

Dernière étape française. Diagnostic du médecin consulté : la bronchite de Gisèle est une affaire classée. Dès lors se pose la question de continuer le chemin ou de rentrer chez nous. Pourquoi refaire demain ce que nous connaissons d'hier * ? Connaître est un bien grand mot, rassurant et menteur, plus menteur que réellement rassurant. Pas plus que le fleuve le chemin n'est figé. À peine foulé il change, se modifie, disparaît pour renaître dans la dispersion des terres et de la végétation qui le cadastre. Se sépare-t-il de branches mortes qu'il revit ailleurs, sur l'autre rive du fleuve, dans un village hospitalier ; à peine arrêté, le choix se voit entériné par la cohorte qui passe et entraîne. C'est ainsi que vont les choses. Ce qui fut vrai ne l'est plus, et demain prépare déjà sa trace. Seule l'orientation demeure : plein ouest. Tout cela semble bien fascinant et d'un autre intérêt que de se retrouver chez soi, dans la quiétude d'un confort trop connu pour surprendre. Nous irons donc de nouveau, jour après jour, vers la fin présumée des terres, vers ce Finis Terrae galicien et son mystérieux apôtre. Nous irons puisque les dés sont jetés, sans trop savoir pourquoi, peut-être pour effacer nos traces précédentes, au risque d'en laisser de nouvelles. Et si, comme Pausanias, je marchais « pour voir ce qui n'est plus » ?

« Pourquoi je vais à Compostelle ? En fait j'y retourne pour la seconde fois. Parce que je crois qu'une partie de ma vie y est restée lors de mon précédent voyage, et que mon sang y circule toujours. Que je me sens irrésistiblement attiré par ce chemin et que je n'ai qu'une envie, le retrouver… Avant d'aller là-bas, je me posais souvent la question suivante : "Qu'as-tu fait de tes rêves d'enfance ? Ne t'en reste-t-il pas quelques-uns à réaliser, parce qu'il serait temps de le faire." Et ce fut Compostelle. Depuis je ne pense qu'à y retourner, à recommencer

* Deux ans plus tôt, du 19 juin au 25 juillet 1993.

ce chemin. Ce que je suis en train de faire. » (Jean-Marc L., Noyalo.)

13 juin. Franchissant la porte d'Espagne de Saint-Jean-Pied-de-Port, nous attaquons le Camino Francés.

14 juin. Journée de repos à la ferme de Honto, dans la montée de Roncevaux, à six kilomètres de Saint-Jean.

15 juin. En fin de matinée, sous un ciel couvert et une température plus que fraîche, nous atteignons la Vierge d'Orisson et basculons sur le versant sud des Pyrénées. Que disais-je de cette étape deux ans plus tôt ? Rien de bon ni de rassurant pour la suite : un tumulte de difficultés et de coups redoublés au moral, les corps trop lourds, empotés, mal aguerris, les sacs inadaptés, chargés d'inutilités se voulant rassurantes, et l'orage grondant comme un chien de gamelle. Souvenirs aujourd'hui effacés, volatilisés en quelques heures, par un mois et huit cents kilomètres de marche.

Tant de relatives facilités nous rendraient facilement amnésiques. Comment avons-nous pu ahaner tant et plus sur ces pentes à présent si clémentes ? Au sommet du Lepoeder où nous marquons la pause, je pense à l'appréhension de mon très lointain compagnon en chemin, pas tout à fait cousin, ni ressemblant, mais frère en partage, pris de panique devant ce qu'il découvre à ses pied : l'Espagne ! L'Espagne ? Est-ce si sûr ? Ne s'agirait-il pas plutôt de l'Afrique ? L'Afrique et son soleil, ses arbres, fruits, légumes et épices, parfums, tissus, peaux basanées et musiques inconnues ? Espagne africaine ou Afrique espagnole ? Comment savoir, faire la distinction dans un tel brassage de peuples, de langues et de cultures dont, pauvre laboureur, artisan ou commerçant de peu, il ignorait jusqu'à l'existence. Alors, bien entendu, comme ceux qui l'accompagnent, le précèdent ou le suivent, il a peur. Ce n'est pas une frayeur paralysante qui le ferait renoncer, mais une crainte semblable à celle qu'il éprouve lorsque son recteur décrit en chaire les affres de l'enfer. Pourtant il se rassure : l'apôtre l'attend là-bas, au bout du monde. Rien ne peut l'atteindre puisqu'il marche, Jacques parmi les Jacques.

Nous chantons comme des fous, le *Dum Pater Familias*, bien sûr, enfin… peut-être, entrecoupé par les chants profanes des vieux routards qui nous précèdent.

Si vous avez du vin clairet
Donnez-nous-en un gobelet.
Nous le boirons, nous le boirons :
La part à Dieu s'il vous plaît.

Nos compagnons sont mal vêtus.
Si vieux habits ne voulez plus,
Ils les mettront, ils les mettront.
La part à Dieu s'il vous plaît.

Nos compagnons sont mal chaussés.
Si vous avez de vieux souliers,
Les chausseront, les chausseront.
La part à Dieu s'il vous plaît.

Nos compagnons sont mal couchés.
Si vieilles paillasses vous avez,
S'y coucheront, y dormiront.
La part à Dieu s'il vous plaît.

Nos compagnons sont mal aimés.
Si belles filles vous avez,
Les baiseront, les baiseront.
La part à Dieu s'il vous plaît.

Bien sûr Godescalc n'a pas franchi les sommets de Roncevaux, ni n'a longé le col de Bentarte — trop risqué et bien compliqué pour la troupe qui l'accompagnait. Sans doute sera-t-il passé par l'actuel Saint-Jean-de-Luz, comme le feront, huit siècles plus tard, Guillaume Manier et ses compagnons. Ces derniers ont déjà beaucoup marché et énormément vu. Partis de leur village de Carlepont, ils sont allés à Paris, dont le tailleur d'habits dresse un inventaire qui dénote un esprit ouvert et curieux de tout. À la Sainte-Chapelle, l'abondance des reliques exposées, loin de le surprendre, l'émerveille. Il note la couronne d'épines du Christ, les langes et des drapelets dans lesquels la Vierge enveloppa l'enfant, les chaînes de fer qui le lièrent, la nappe de la Cène, une partie de la vraie Croix, l'éponge et le fer de lance qui lui perça le côté, sa robe de pourpre, le roseau que les Juifs lui donnèrent pour sceptre, une partie du Saint-Suaire, du lait de la Vierge, une partie du chef de Jean-Baptiste. Ensuite ils se dirigent vers Orléans, Blois, Amboise, Châtellerault, Poitiers puis Briou, où ils échappent de peu à une rafle des archers de la Milice, qui sous différents prétextes se saisissent des étrangers pour « les embarquer de force vers les îles ». Merveilleux Manier, qui face à l'arbitraire cherche et trouve des explications : cette fois l'arrestation serait justifiée par les vols trop fréquents, ou un viol collectif commis par une bande de quatorze garçons. En fait il n'en sait rien et marche vers Aulnay en ne se souvenant que de la « grande terreur éprouvée ». Itinéraire ordinaire du chemin venant de Paris : ils traversent Saintes, s'arrêtent à Lajard le temps de voir un homme « de la compagnie de Cartouche, nommé "Bride les Bœufs", et son garçon, "Bride les Vaches", roués en place publique », et poursuivent vers Blaye, Bordeaux, Gradignan, Dax, où une source d'eau chaude l'intrigue :

« C'est une fontaine bouillante, ni carrée ni ronde, elle jette de l'eau toute fumante dans la rue et chacun en prend pour laver la vaisselle. Autrefois, un menuisier qui était fou à courir les rues est tombé malheureusement dedans. Il fut retiré sur-le-champ si cuit qu'il tombait par lampions [lambeaux]. »

Ils repartent enfin vers Bayonne, où ils couchent chez madame Belcourt, « où est pour enseigne une coquille de saint Jacques attachée au-dessus de sa porte. C'est là où tous les pèlerins de saint Jacques logent en allant et venant. Cette femme est connue aux quatre coins du monde pour cela. »

Irún, enfin, après avoir franchi, grâce à l'intervention d'un prémontré, « une petite rivière qui fait séparation de la France d'avec l'Espangne *[sic]* » : la Bidassoa.

Si Godescalc et Manier ont évité les sommets de Roncevaux, Aimery Picaud, lui, s'y est hasardé malgré les huit milles qu'il lui faut gravir, et redescendre sur l'autre versant. La montagne est à ses yeux si haute qu'elle lui semble « toucher le ciel, et que celui qui en fait l'ascension croit pouvoir de sa propre main lui aussi toucher le ciel ».

Au monastère de Roncevaux, nous sommes reçus par Roland, *hospitalero* * français. Bien entendu le rapprochement des noms prête à sourire, l'homme s'en amuse, nous parlons. Pourquoi est-il hospitalier ?

« Pour servir les autres. J'aime à rendre la chaleur que j'ai trouvée dans l'accueil de mes frères *hospitaleros*. J'ai été accueilli, j'accueille. Ceux qui arrivent au *refugio* ont souvent besoin de réconfort... Surtout dans la traversée de la Meseta, où il faut écouter davantage, préparer la soupe, faire parfois

* Hospitalier, ancien pèlerin qui se met à la disposition des pèlerins en marche, dans les refuges et gîtes du chemin.

une lecture de l'Évangile, et le lendemain matin se lever tôt, servir le café, encourager. Faire en sorte qu'ils ne se sentent pas seuls. »

Chaque année ils sont, comme lui, des dizaines à donner leur temps et beaucoup d'eux-mêmes. Ils partent sur un appel, à la réception d'une lettre, vers un village d'Espagne où ils se feront vigies, gardiens de phare et sentinelles. Roland s'est rendu à deux reprises à Compostelle, la première fois dans des circonstances dramatiques qu'il évoque avec beaucoup de pudeur.

« J'avais un fils, Jacques, marié, père de trois petites filles. Il est mort à trente-cinq ans sans la foi de l'espérance. Sur sa tombe j'ai prié avec ferveur, et promis de me rendre à Saint-Jacques-de-Compostelle. Mon chemin a commencé le 19 mai 1993 — année mariale* — et s'est arrêté dix-huit jours et sept cent cinquante kilomètres plus tard, près de Lectoure. Ce jour-là, c'était un samedi, j'avais quitté le sentier pour assister à la messe au village de Saint-Clar. La messe étant reportée au lendemain, je suis reparti. C'était le jour où la veuve de mon fils, la mère de ses trois enfants, se remariait pour une autre destinée. Désemparé, abasourdi — j'avais déjà parcouru quarante-trois kilomètres —, j'ai été surpris sur une petite route conduisant à Lectoure par un automobiliste qui m'a projeté dans un champ. Évacué sur l'hôpital d'Auch : coma, opérations, onze jours de soins, rapatriement, cinq mois d'arrêt et de rééducation. J'ai remarché sans béquilles le 17 novembre suivant, avec en tête, et contre l'avis formel du corps médical, le projet d'un nouveau

* Également année sainte jacquaire. Cette année-là, la Saint-Jacques (25 juillet) tombe un dimanche, jour où la tombe de l'apôtre fut révélée à l'évêque wisigoth Théodomir et à l'ermite Pelayo.

départ vers Saint-Jacques. C'est ainsi que je suis reparti le 25 mai 1994, pour arriver à Compostelle le 17 juillet suivant. Moi qui ne devais jamais remarcher ! Selon les docteurs, c'est mon sac à dos qui m'a sauvé la vie, mais moi j'ai toujours pensé que le Seigneur n'avait pas voulu que je meure là, sur le chemin de son apôtre ! Depuis je vis dans ma cuirasse de pèlerin, je suis fier de cet état, et je puise à chaque instant les conditions de ma conduite dans la noblesse de mon titre préféré. » (Roland, Chalon-sur-Saône.)

Quatorze mille neuf cent quatre-vingt-douze pèlerins ont été accueillis au monastère de Roncevaux au cours de l'année sainte en 1993. Sept mille cinq cent quatre l'année suivante, et, au 31 mai 1995, mille quatre cent soixante. Les motivations avancées par les candidats au *credencial* sont avant tout spirituelles et culturelles, avant d'être religieuses, et très accessoirement sportives.

Messe des pèlerins, célébrée par six chanoines dont le plus jeune doit frôler la cinquantaine. Dans l'homélie, prononcée en espagnol et en français, des mots me font sursauter : « Rachat de vos fautes... Souffrir pour plaire à Dieu... Marcher vers le pardon... » De quoi parlons-nous au juste ? Il me semble qu'il y a erreur sur le fond de la démarche. Tout au moins en ce qui me concerne. Je ne suis pas là pour être pardonné de je ne sais quoi, ni pour souffrir. Le monde est déjà assez loqueteux comme cela sans lui rajouter une dose de malheur supplémentaire en mon nom. Je suis piégé par l'Espagne où je viens juste de poser mon sac. C'est, à la virgule près, le discours entendu deux ans plus tôt, phrases et mots sentencieux, déphasés de l'urgence quotidienne ! Je pique ma rogne, ronge mon frein, et passe une très mauvaise soirée, achevée par un repas d'arnaque comme j'en ai rarement vu. Pour comble, et puisqu'il faut bien « souffrir pour plaire à Dieu », le dortoir est plein comme un œuf, ronfleur et glacial. Pourtant ce n'est pas faute d'avoir été mis en garde, d'autant que Burguete, village ayant appartenu à Conques jusqu'en 1150, se trouve à trois kilomètres et offre des auberges bien méritées par les efforts du jour. Victimes de l'histoire ou de la légende des lieux, nous en payons le prix. C'est la règle, et de bonne guerre, mais plus le temps passe et plus je pense que l'endroit incarne à lui seul, mieux que je ne saurais le dire, l'énorme piège dans lequel disparut l'arrière-garde de l'armée de Charlemagne.

« Faire le chemin, c'est faire l'apprentissage de la porte étroite. Se dépouiller, partir, quitter ses proches, ses amis, ses biens, sa carte de visite, pour n'emmener que l'essentiel, six à huit kilos de nécessaire pour vivre au jour le jour. Au présent. Mais, pour bien vivre une telle expérience, il faut partir au moins trois semaines. C'est le temps qu'il faut pour abandonner ses peurs, et n'être plus qu'avec soi-même. » (Jean L., Faycelles.)

Dimanche 18 juin 1995. Admirable point de vue du sommet de la Sierra del Perdón sur la plaine de Navarre. Il m'a semblé que j'avais devant moi une synthèse parfaite du chemin à parcourir, forêts, landes, sierras, avec à l'ouest un frémissement de Meseta bordé, au nord, par la sombre masse de la cordillère Cantabrique. Terre céréalière autant que pastorale, sur laquelle, depuis l'aube du peuplement compostellan, le sédentaire enraciné profond regarde le nomade, berger ou pèlerin, passer devant sa porte, sans désir ni curiosité de l'ailleurs. Regroupés autour d'églises construites comme des forteresses, ces villages, résultats tangibles des chartes royales d'Asturies et d'Aragon accordant terre et privilèges aux plus entreprenants, datent des premiers siècles de ce que des contemporains nommèrent la «folie Saint-Jacques». Il est vrai que dans le même temps — qui dura quand même près de deux siècles — l'Europe se couvrait d'églises, abbayes, chapelles, hôpitaux, ponts, fontaines, faubourgs, quartiers ou villages, placés sous le patronage et la bénédiction de l'apôtre.

Bien qu'il ne soit pas tout à fait onze heures, l'air de la plaine tremble sous la chaleur, rendant incertains les contours ocre et blancs de la cité que nous atteindrons dans moins de deux heures : Puente la Reina.

À l'entrée de la ville, surveillé par un pèlerin de tôle, l'ancien hôpital attend, patient comme un chat, que le passant traverse la route, dont les allures de nationale clinquante dissimulent à peine l'authentique Camino de Santiago. L'actuel *refugio* est plus loin, plus modeste, mais également plus économique, c'est pourquoi nous nous contentons d'admirer ce témoin des premiers temps jacquaires, aujourd'hui hôtel-restaurant étoilé, avant de rencontrer, dix mètres plus loin, le propriétaire :

«¡Hola! ¿Que tal? ¡Muy bien! ¿Y usted? ¡También!»

À moins d'erreur, il nous a déjà vus... Oui. Non. L'année dernière ? Non, il y a deux ans. L'instant de surprise passé, et comme il faut bien dire quelque chose, la question dont je me serais bien passé : Pourquoi de nouveau sur ce chemin ? Si je le savais ! Il nous offre des abricots de son jardin en espérant que, le moment venu, l'apôtre tiendra compte de son geste.

Sur quoi nous trinquons d'un verre de vin blanc frais, délicieux.

Chemin de terre, chemin d'encre, chaque jour je note, interroge le paysage, les cités traversées, nos compagnons. Que ferai-je de ces empreintes, de ces interviews-confidences ? Je n'en sais rien. Le projet du livre n'est pas en place. Ou, plus exactement, n'a pas sa place dans ce quotidien vécu à l'emporte-pièce, sans garantie de résultats : Compostelle est toujours si loin ! En fait je me repais de ce que je vois et entends, me rassasie d'impressions, m'empiffre de tout et de moins que rien. J'écris comme d'autres gloutonnent, jusqu'à plus soif, jusqu'à plus faim. Consignant deux mots trois impressions, j'arrête le temps — du moins je le pense — comme un photographe saisit l'instantané. Cela me rassure à peu de frais, je sais des consolations plus coupables.

Marotte de l'écrit ou de l'écrivain, chez moi je tiens une sorte de journal qui n'en est pas tout à fait un, tout en l'étant un peu. Résultat : en vingt ans, près de sept mille pages de banalités classées — chronologie oblige — dans une soixantaine de cahiers. Sorti de ma tanière le jeu continue par l'entremise de calepins. Cela fait des lignes et des lignes d'écriture, des centaines de milliers de mots, de phrases, parfois illustrées de croquis, photos ou dessins destinés à combler les failles du temps qui passe. Comme si… Reste à s'interroger sur l'utilité — à moins d'en faire une œuvre littéraire comme Gide, Renard, Bloy et consorts — de tenir un journal, SON journal, chronique intime d'une ombre portée conversant avec un mur. Pour l'instant l'essentiel est ailleurs, devant moi, au bout du monde vers lequel je marche en captant la parole des autres.

Débris, éclats, parcelles de vérité, il se dit des choses sur ce chemin. Beaucoup de choses, importantes ou banales, celles que l'on portait en soi, sur soi, comme un cilice, trop lourdes, trop crues, donc condamnées au silence, et qui soudain, sous l'effet de je ne sais quelle décantation, se clarifient et s'émancipent par la parole, et dans le regard de l'autre. « Pour faire le point avec moi-même » est sans doute la réponse la plus entendue. Je ne la note d'ailleurs plus, sachant qu'il s'agit d'un préambule, un signal convenu annonçant d'autres mots, moins attendus, plus conformes à cet « aller vers... » qu'est depuis toujours, et pour toutes les religions, le pèlerinage.

Partir, rompre le cercle affectif et sécuritaire pour rejoindre, à pied de préférence, après des jours et des semaines de marche, un lieu sacré, n'est pas une invention récente, pas plus qu'elle n'est de tradition religieuse — juive, chrétienne, musulmane ou bouddhiste. Le fait est plus ancien, il est ancré dans l'homme depuis le premier âge, le premier jour, contenu dans ses gènes. Quatre siècles avant notre ère, Hérodote assiste, à Bubaste en Égypte, aux fêtes de Diane qui rassemblent sept cent mille pèlerins ! Cinq siècles plus tard, les Romains consignent des faits identiques à Karnak. Pourquoi faut-il que, relatant ce fait, j'associe le Karnak des bords du Nil à celui qui dresse ses menhirs vers le ciel de Bretagne ? Rapprochement hasardeux ? Peut-être, mais qui me dit que foncièrement l'entreprise fut différente ? Tout le monde s'accorde à reconnaître que la marche vers l'espace sacré, la relique ou le corps saint est de nature à modifier profondément la spiritualité de l'individu. La forte imprégnation religieuse des lieux y contribue forcément, mais peut-être moins que la démarche elle-même, dès lors qu'elle s'inscrit dans une durée. Il n'est donc pas étonnant que le voyage vers Compostelle soit envisagé par certains comme une sorte de thérapie permettant de « faire le point ».

Restent ceux, à peine moins nombreux, qui se sont mis « en chemin pour se retrouver ». Depuis quand se perd-on moins sur les chemins que dans l'ordre urbain des villes et la conformité des rituels domestiques ? Il y a dans ces mots un rien de paradoxe et de contre-évidence réjouissant à entendre. Paroles !

Paroles d'amour et de haine, d'espérance et de repentir, je sais des kilomètres où le Camino ressemble à un confessionnal à ciel ouvert. La vérité m'oblige à dire que l'échange ne sera jamais plus vrai que sur ces parcelles de caillasse et de poussière, où le paraître et les faux-semblants n'ont plus de raison d'être. Marquant la fin d'un passage, l'arrivée au refuge modifie le dit, peut-être inconsciemment ; les mots se parent de fioritures, se font moins bruts.

« Par moments, je parlais, je parlais, sans savoir ce que je disais, ni pourquoi. Je disais des choses, des choses dont je ris aujourd'hui, mais qui, dans l'instant... Il faut croire que j'avais besoin de ça. Surtout quand j'ai marché seul dans la Meseta. Je crois bien que j'avais peur du silence, alors je me racontais des histoires à voix haute. Et à deux ou trois reprises, je me suis entendu gueuler. Véritablement gueuler. » (Émile H., Condom.)

« Un soir dans le Lot, je me suis perdu dans la traversée d'un bois. La nuit tombait, il pleuvait. J'ai eu l'impression très nette que quelqu'un marchait près de moi. Comme une présence, dans ce bois où je me croyais seul. J'ai commencé à me confesser à voix haute. » (André L'H., Quimperlé.)

« Chaque jour sur le chemin, surtout lorsque je me trouvais seul, j'ai interpellé le Christ en le tutoyant comme je tutoie mes amis. Mais j'ai toujours vouvoyé saint Jacques dans mes prières. Bizarre ! » (Roland, Chalon-sur-Saône.)

« Il y a eu des jours où j'ai dit : "Écoute, saint Jacques, je n'ai rien, je suis démuni de tout, et je cumule les problèmes. Alors je t'en prie, aide-moi un peu. Mets-y du tien, autrement je n'y arriverai pas !" » (Louis J., Sévrier.)

« Quand tu marches comme ça, tu n'es pas tout seul ; il y a les autres, les rencontres que tu fais, et ceux que tu as laissés, qui sont loin de toi par le temps plus que par la distance, parce que le temps a une autre valeur. Loin de toi et, paradoxalement, jamais aussi présents. Et toi tu remets tout en question. Tu te dis : En rentrant il faut que je sois meilleur, différent, il faut que je tire des enseignements de la leçon qui m'est donnée. Est-ce que cela se traduit concrètement après ? C'est un autre problème, mais sur le coup tu le crois, et ça aide. Sans parler de confession, je me suis assez souvent confié au Père. » (Ronan P., Quimperlé.)

Salut vieux soliloque, inséparable compagnon des chemins de haute solitude ! Salut voix de la veille et du guet, confidente des nuits insomniaques et des courses océanes, de l'incarcération et des chemins au long cours. Introspection, prière, monologue intérieur, retour sur soi, tout est en place pour que marche et démarche s'accomplissent dans cette traversée du temps et de l'espace à laquelle s'ajoute — presque toujours — celle du miroir. Certains meublent ce vide apparent de présences ; l'ange Raphaël pour Serge Grandais *, conjoint, enfants, amis pour d'autres, à moins qu'il ne s'agisse d'un animal d'accompagnement, cheval, âne **, mulet ou chien. Reste qu'à certains moments ou en certains lieux, abandonnant leur discrétion comme on se défait d'entraves, les plus réservés prononcent des mots incisifs qui ne s'oublieront plus.

« À l'arrivée, devant l'autel de la cathédrale, tétanisé, j'ai pleuré longtemps, longtemps... Une dame inconnue est venue me prendre la main, doucement, longtemps... Quand je suis sorti sur la place de

* Parti de Paris vers Compostelle, en passant par Vézelay, au printemps 1979, Serge Grandais, frère Vincentin, a relaté son expérience dans *L'Ange de Compostelle*, Brépols, 1997.

** Jacques CLOUTEAU, *Il est un beau chemin d'épines et d'étoiles*, autoédition, 1994.

l'Obradoiro inondée d'un soleil aveuglant, je savais que l'âme de mon fils était sortie des ténèbres, et depuis cet instant-là j'en suis sûr ! » (Roland, Chalon-sur-Saône.)

« Au retour de Compostelle, toute mon échelle de valeurs a été remise en cause. Ce qui m'intéressait hier m'indiffère aujourd'hui. C'est difficile à dire, et pourtant c'est vrai, un autre espace de réflexion s'est ouvert en moi. Cela m'a posé des problèmes avec les miens. Je suis revenu tellement changé qu'ils ont eu du mal à me reconnaître. Même ma femme me l'a dit : "Tu n'es plus le même. Tu n'es plus l'homme que j'ai épousé." Elle me laisse aller, mais cela lui reste étranger. Quand je reviens, je suis encore là-bas, je continue de vivre sur le chemin. Il me faut beaucoup de temps pour me remettre. J'ai peur de fatiguer mes proches avec mes histoires d'ancien combattant, alors je me tais. Du moins j'essaie, sans toujours réussir. En fait on ne peut bien parler de Compostelle qu'avec ceux qui y sont allés. Autrement ? Avec mes amis c'est pareil. Certains comprennent. D'autres non. J'en ai perdu. C'est vrai que je parle beaucoup de ce chemin qui a été tellement important dans ma vie. Je suis enseignant dans le public, un milieu assez anticlérical, mais je parle de Compostelle avec tellement de conviction que deux de mes collègues sont déjà partis. Au retour la première m'a dit que je lui avais rendu un service extraordinaire. Cela me fait peur, car je me sens à présent responsable, on ne sait pas où cela peut conduire. Je suis croyant, peu pratiquant. Je me sens proche des protestants. » (Jean-Marc L., Noyalo.)

Mañeru, Cirauqui, Estella, le chemin file plein ouest, gros des quatre itinéraires de France, dont le dernier, venu d'Arles, l'a rejoint à Puente la Reina. Désormais le Camino Francés porte bien son nom et, malgré son grand âge, semble avoir, si j'en juge par les nombreux *refugios* en construction, pas mal de projets d'avenir.

Rencontré un pèlerin brésilien en assez mauvaise condition physique. Trop chargé, pieds en sang, il s'assoit tous les kilomètres. Nous lui avons laissé quelques pansements, mais dans l'état où il se trouve cela ne sert à rien. À la sortie de Cirauqui, nous avons emprunté, perdu et retrouvé la superbe voie romaine, peu facile aux pieds, mais si belle. D'importants travaux de fouille ont permis de la dégager sur des kilomètres. Elle aussi fut témoin de l'épopée, il est donc normal qu'elle soit aujourd'hui honorée comme tel. Depuis notre passage en Espagne, il me semble que les choses s'ordonnent mieux dans ma tête. Ce qui ne m'empêche pas de toujours rouler devant moi, comme Sisyphe son rocher, l'éternelle question du pourquoi. Pour les autres, les choses seraient-elles plus simples ?

« Compostelle, pour nous, ce sont d'abord des signes. Nous nous sommes mariés parce que nous allions entreprendre ce pèlerinage, et nous avons fait graver des coquilles sur nos alliances pour placer notre union sous la protection de saint Jacques. Personnellement j'étais en recherche spirituelle, et très marquée par l'art roman. Jean-Michel aussi était en recherche. En fait le monde social où nous étions nous pesait terriblement. » (Isabelle, Bourg-en-Bresse.)

Chemin de rencontres, de l'un à l'autre, de l'un aux autres, des uns à tous les autres, constat : quelle que soit la langue, ce sont bien les mêmes expressions, les mêmes gestes qui ouvrent le chemin à celui qui vient, passe et demeure inscrit dans un regard, un mot, un paysage. Isabelle et Jean-Michel font partie de ceux pour lesquels l'aller vers Compostelle incarne réellement un passage, une traversée de vie, un voyage au sens exact du terme, au bout duquel ils reviendront différents, transformés par l'alchimie de la marche. Je les ai rencontrés à Conques où, partis de chez eux — Bourg-en-Bresse —, ils faisaient une pause. Quelques paroles, de l'écoute et du silence, ceux-là jubilaient de complicité à la seule évocation des quatorze cents kilomètres restant à parcourir. Plus tard, à l'heure du départ, nous avons échangé nos adresses. C'est peu et beaucoup à la fois. Ce fut la trace accordée, la clef des retrouvailles.

« C'est vrai que l'art roman tient une place importante dans notre histoire. Nous allions d'un lieu à l'autre, et puis, en 1996, nous sommes arrivés au Puy-en-Velay. C'était la pièce manquante, elle fut décisive. À notre retour j'ai proposé à Isabelle d'aller à Santiago. Elle était d'accord. Je lui ai précisé qu'il s'agissait d'un pèlerinage pédestre. Elle a dit oui ! » (Jean-Michel.)

« En fait, j'ai dit oui sans trop réfléchir ! C'était l'heure, il fallait que cela se fasse. J'ai pensé aussi que sur le plan spirituel ce serait une étape importante de ma vie. Peut-être moins parce que j'allais vers Saint-Jacques que du fait de cette longue marche, et de l'affirmation de ce que j'avais en moi. » (Isabelle.)

« Chez moi aussi il y avait ce vide spirituel dont parle Isabelle, conforté par le besoin de changer de vie, le désir de sortir du système où nous étions — à savoir, le plus clair du temps, chacun dans son cabinet de kinésithérapeute et thérapeute. C'est peut-être aussi une question d'âge, cinquante ans, besoin de faire le point, et l'idée de Compostelle nous a paru évidente dans cette recherche. Évidente et prioritaire. J'ai été élevé dans la religion chrétienne, avant de m'en éloigner. Le pèlerinage ne m'a pas rendu athée. Il m'a même remis sur les rails de la foi, dans le message du Christ, même si avec le recul je sais qu'il ne m'a pas totalement réconcilié avec l'Église catholique. Cela dit, que le corps de l'apôtre soit ou ne soit pas à Compostelle ne me semble pas important. Ce qui est important, c'est d'être livré à soi-même, et face aux autres : la recherche spirituelle n'a pas besoin de preuves historiques, elle est là, à l'état brut. Une spiritualité que les Encyclopédistes auraient appelée panthéisme, c'est-à-dire osmose avec l'univers, la nature, la terre, les éléments. J'ai également expérimenté la prière sur ce chemin, comme un outil extrêmement simple et puissant. Elle s'est révélée très efficace. Avant de partir nous avons tout vendu, cabinets, meubles, avec l'intention de ne pas reprendre notre vie là où nous l'avions laissée. Saint-Jacques fut pour nous comme une parenthèse entre deux vies. Partant de Bourg-en-Bresse, nous sommes allés vers Le Puy, avec la certitude de trouver en chemin le lieu de vie qui nous était destiné. L'accueil des gens a été formidable. Partout, y compris avant Le Puy où il ne passe jamais de pèlerins. » (Jean-Michel.)

« Pour nos proches, ce n'est pas notre départ vers Compostelle qui a posé problème, mais notre départrupture. Installés comme nous l'étions, c'est-à-dire comme eux, ça les a renvoyés à leur propre existence. Certains ont compris, d'autres non, quelques-uns ont mal réagi, et notre retour n'a pas forcément arrangé les choses, puisque nous persistions dans notre projet de tout larguer. C'est vrai qu'il y a eu des réactions bizarres. Notre expérience a bouleversé, par ricochet, trop de choses dans leur vie. Même ceux qui étaient d'accord avec nous nous l'ont dit. Certains de ceux qui nous ont aidés ont eu beaucoup de mal à accepter notre décision. Pour nos enfants les choses ont été plus simples, ils ont vu au travers de notre expérience qu'il existe une autre vie que celle qui s'impose, ou que l'on nous impose ; que chacun peut, à des moments charnières, modifier le cours de son existence. » (Isabelle.)

Si ma mémoire est bonne, lors de notre première rencontre, l'un d'eux parla de « dés jetés à la face du quotidien ». Ce fameux coup de dés qui, selon le poète, jamais n'abolira le hasard ? Conséquence logique, au retour de Santiago, tous deux rêvent d'habiter sur le chemin et d'ouvrir leur maison, en toute simplicité, aux pèlerins. Pas un gîte structuré, mais une disponibilité offerte. Projet en cours de réalisation à Auch, sur l'itinéraire d'Arles.

Début d'insolation ? Hier soir nous avons perdu l'un de nos compagnons de Roncevaux, un Hollandais d'une soixantaine d'années, prêtre catholique, qui marchait depuis plus de deux mois. Soleil, chaleur sans doute, mais aussi la fatigue. Le médecin consulté est formel : arrêt immédiat, repos et retour chez lui. Selon les Italiens qui l'ont accompagné au gîte, il aurait été victime de deux syncopes assez rapprochées, la seconde de plusieurs minutes, sur le chemin même, à cinq ou six kilomètres avant Estella, qu'il tint toutefois à atteindre à pied, soulagé de son sac. Dans ces pièces où nous sommes une dizaine, il va de l'un à l'autre, s'excuse, et demain matin, lorsque nous partirons entre chien et loup, il nous souhaitera *« buen camino »* depuis la fenêtre de sa chambre.

Temps lourd, ciel nuageux, l'orage menace, gronde un peu, quelques gouttes d'eau, nous marchons dans d'admirables paysages agricoles. L'air sent le blé, avec des relents de farine. Dans les champs les paysans moissonnent, découvrant une terre craquelée. Certains nous font des signes de la main, des éclats de voix nous parviennent, *« ¡Buen viaje ! »* auxquels nous répondons par des *« ¡Santiago ! »* époumonés.

Rencontré Étienne, soixante-cinq ans, parti de

Bruges le 1er avril dernier en compagnie d'une ânesse, Rosalie. Tous deux vont du pas paisible de ceux que rien ni personne n'attend : quinze kilomètres par jour.

« C'est la première fois depuis des années, des dizaines d'années même, que j'ai du temps devant moi, alors j'en profite. Je ne demande rien, Rosalie non plus, les chemins sont beaux et les gens accueillants. Même si parfois il a plu ou qu'il fait froid, que voulez-vous de plus ? Chaque jour me suffit, nous devrions arriver à Compostelle aux environs du 15 août, peut-être plus tard. On verra bien. »

Le bonheur à l'état brut, sauvage, le bonheur sans réserve ni frontière prend souvent sa place sur ce chemin, toute sa place : incommensurable !

« Hospitalier ou pèlerin, moi ce chemin me donne du bonheur ! Du bonheur à revendre. Je n'ai pas de mérite à être pèlerin, je suis né à Saint-Michel-de-Montjoie d'où les pèlerins découvraient Le Mont-Saint-Michel. Le Monte del Gozo normand, en quelque sorte. J'étais donc obligé de tailler la route, d'aller à Compostelle. D'autant que ma mère s'appelait Duchemin ! Del Camino, qu'elle s'appelait maman ! Alors, comment veux-tu que son fils reste tranquille ! » (Guy A., Montereau.)

Los Arcos, Logroño, Nájera : les étapes se succèdent, partagées entre poussière et chaleur. Je n'ose même pas me demander ce que je fais là, le long de nationales camionneuses jamais très engageantes. Bien qu'il ne soit pas encore huit heures, nous marchons depuis plus de deux heures, le ventre creux, en attente du premier bar ouvert, lorsque le responsable du *refugio* d'Azofra nous invite à partager son *« café con leche »*. Le boulanger chez qui je vais acheter des croissants me les offre en me montrant, derrière son comptoir, une image de saint Jacques avec, piqué au niveau du cœur, un œillet en plastique rouge. Ici je suis « *peregrino de Santiago* », je marche vers l'apôtre Jacques le Majeur, dont je n'oublie pas qu'il est également le saint patron de l'Espagne. Cela me confère, comme à tous les pèlerins — surtout les étrangers —, une aura, une sorte de statut privilégié auquel les personnes âgées semblent très attachées.

« Je n'oublierai jamais le boulanger d'un *pueblo* de la Meseta, chez qui j'achetais un pain en demandant où je pouvais trouver du vin. "Donnez-moi votre gourde." Il la remplit dans sa cave, et quand je lui demande le prix : "Le pain je le vends, c'est quatre pesetas, mais le vin c'est le mien, je te le donne." » (Louis J., Sévrier.)

Au *refugio* d'Azofra nous sommes rejoints par notre compagnon brésilien toujours aussi mal en point, claudiquant, mais présent. Santo Domingo de la Calzada : à l'*asphalto y camiones* succèdent les pétards et flonflons de la Saint-Jean. C'est la fête ! Enfin l'une de ces fêtes bruyantes et démonstratives, si chères, pour ne pas dire indispensables, aux Espagnols qu'ils ne peuvent décemment s'en passer plus de trois jours consécutifs sous peine de déprime collective. Celle-ci — qui se prolongera jusqu'à l'aube — nous vaut de trinquer avec le maire et une délégation officielle d'un excellent vin rouge, corsé, rendu redoutable par la chaleur.

Retrouvé Ruth et Anno au *refugio* : chaque jour qui passe les confirme un peu plus dans une image de couple, même s'ils s'en défendent — elle surtout. En 1993, nous avions rencontré deux jeunes Suisses marchant en promesse de mariage, tandis qu'un autre couple se rendait à Compostelle pour fêter ses trente ans de mariage.

Nous allons rencontrer également Viviane et Louis qui, encouragés par leurs parents, firent de leur pèlerinage une sorte de passage initiatique vers l'âge adulte.

« Nous nous sommes dit : Il y a un an et demi que nous nous connaissons. Bien. Mais jusqu'où nous connaissons-nous vraiment ? Nous sommes jeunes, nous avons envie de fonder une vie ensemble, mais il ne faut pas se tromper. Et c'est à ce moment que nous avons pensé à Compostelle. On s'est dit : On va y aller pour mieux se connaître, se tester dans l'endurance et les difficultés. Pour voir jusqu'où on peut vivre ensemble dans les coups durs. » (Viviane G., Toulouse.)

Lorsqu'ils me racontent leur chemin, elle a vingt ans, lui vingt et un. Tous deux sont étudiants à Toulouse.

« En fait, c'est venu de mes parents qui m'ont parlé du chemin de Saint-Jacques. Ce n'était pas très difficile puisque nous habitions dans un village proche de ce chemin. Compostelle, je l'ai dans les oreilles depuis mon plus jeune âge. Enfant je voyais passer des pèlerins. Pas nombreux, mais impressionnants. Je chantais aussi des chansons de pèlerins en allant à l'école. Cela me faisait rire, jusqu'au jour où je me suis dit : Il faudra que j'aille à mon tour, plus tard, quand j'aurai l'âge. Et quand j'ai eu l'âge, ce n'est pas le chemin que j'ai rencontré, mais Viviane. » (Louis A.)

« Moi aussi je les voyais dans les rues de Conques, ou dans l'abbatiale. Connaissant le pays, je savais d'où ils venaient, où ils iraient, ce qu'ils rencontreraient les jours suivants. Quand ils partaient le lendemain avec leur sac à dos, je les regardais descendre la rue Charlemagne, se diriger vers le chemin de Noailhac. Je ne sais pas si je les enviais, j'étais trop jeune. Même s'ils n'étaient pas très nombreux à cette époque-là, ces départs dans le petit matin faisaient quelque chose. Tous les habitants de Conques le diront. » (Viviane.)

Ils sont donc partis de Conques où elle demeurait, sans attendre les résultats des examens. Tous les deux se disent croyants. Si leur chemin n'a pas toujours été facile, ils en rient.

« En France, il a plu pratiquement tous les jours. Comme nous n'avions pas beaucoup d'argent, nous couchions à la belle étoile, à moins que je ne fasse une cabane, mais sous la pluie ce n'était pas terrible. Enfin bon. Aucun de nous n'a jamais parlé d'abandonner, ni même n'y a pensé. Nous sommes arrivés à Cajarc après avoir marché trente kilomètres sous la pluie. Nous étions à ramasser à la petite cuillère. Au gîte il y avait une dizaine de personnes retraitées qui allaient à Compostelle à raison de quinze kilomètres par jour. Elles nous ont accueillis comme leurs enfants, et encore, peut-être mieux. Je sais que notre âge jouait, mais quand même ! C'étaient des gens qui donnaient leur vie aux autres. Ils auraient d'ailleurs tout donné. Des gens forts, des vrais chrétiens, encore que je ne sois pas certain que tous l'étaient. Le lendemain matin, ils sont allés nous chercher des croissants. La bonté des gens sur ce chemin est quelque chose d'inouï. À chaque coup dur, toutes les fois où nous étions complètement descendus, il s'est trouvé quelqu'un pour nous remettre en selle. C'est drôle ce chemin et ce qui s'y passe, dans une société que l'on dit égoïste. C'est une leçon, ça, non ? » (Louis.)

« Nous n'avons jamais eu peur, ni n'avons pensé arrêter. Par contre, souvent le soir je me demandais comment je pourrais repartir le lendemain. Et je suis toujours repartie. Au bout d'un certain temps, ça va, tu t'habitues, le corps prend ses marques. Mon souvenir le plus fort en France c'est l'arrivée à Navarrenx. Nous avions marché longtemps sur la nationale sous une pluie battante. On était trempés à tordre, et le père Ihidoy qui nous accueille, nous donne une chambre. Une chambre, des draps ! Et le soir, il nous reçoit à sa table : “Que voulez-vous manger mes enfants ?” Il nous a parlé comme si nous étions de sa famille, des siens, ses enfants. Quelle émotion ! Je ne sais même pas si ce mot convient, tellement c'était fort. On est repartis le lendemain avec la joie au cœur. Après ça, la pluie ou le reste, tu t'en moques bien. Mon autre grand moment c'est en Espagne, à San Juan de Ortega, avec le *padre* Maroquín. Lui aussi sait accueillir, comme s'il nous attendait. Comme si nous étions annoncés. À Roncevaux en revanche, les pèlerins sont reçus sans trop de chaleur. Cela dépend peut-être des hospitaliers. Comme des intrus. Dommage, car c'est l'entrée en Espagne, la première impression. » (Viviane.)

« Nous sommes arrivés très tôt à Compostelle. Pas un chat dans les rues. Nous sommes entrés dans la cathédrale, on s'est recueillis, et j'ai passé l'alliance que j'avais emmenée avec moi au doigt de Viviane, là, devant l'apôtre. Notre pèlerinage correspondait, quelque part, à des fiançailles. C'était un moment vraiment très fort. Maintenant, on pense à terminer nos études et à nous marier. Quand j'y repense, je n'arrive pas à croire que j'ai vécu cette chose-là. » (Louis.)

« Moi non plus je n'arrive pas à y croire. Parfois je me dis que j'ai rêvé... Autant de kilomètres à pied, et ce bonheur ! On était bien, quoi... Par contre le retour, décevant ! Si nous retournons un jour à Compostelle, nous reviendrons à pied, en remontant le chemin. » (Viviane.)

Mais l'autre, compagnon de choix ou de rencontre, dont la présence est si souvent revendiquée comme l'un des bienfaits du chemin, l'irremplaçable, double et confident, le compère, peut aussi se révéler la pire des choses. Les exemples ne manquent pas de conflits violents entraînant fâcheries et séparations. Aujourd'hui plus rares, les coups furent monnaie courante à l'âge d'or du pèlerinage où, il est vrai, le nombre et la promiscuité ne devaient pas arranger les choses. Scène de vie quotidienne sur le Camino : on s'injurie comme on se vole, et parfois les bourdons se lèvent. Si ma mémoire est bonne, on peut voir sur l'un des chapiteaux de l'église — peut-être du cloître — de Cahors deux pèlerins en venir aux mains. Au moins les couteaux ne sortent-ils pas, ou le sculpteur les a-t-il ignorés pour ne pas effrayer les paroissiens déjà méfiants envers les jacquets.

Une fois encore, Guillaume Manier n'échappe pas à la règle. Il est parti « en bonne amitié » avec ses compagnons, mais la zizanie s'installe et débouche sur des querelles à répétition. Il pense donc quitter le groupe, mais, redoutant de se trouver seul en Espagne, il soudoie Delorme qui le trahit en rapportant ses intentions aux autres. On se chamaille. Le conflit monte d'un cran, puis de deux, mais, par esprit de clan, on reste ensemble. En Espagne toutefois les choses s'enveniment et, sur le chemin conduisant de Burgos à Hornillos del Camino, Guillaume se bat avec Hermand sur la tête duquel il brise son bâton. Ni les protagonistes ni les témoins ne s'en effraient outre mesure, comme le prouvent les commentaires de son journal où Manier constate simplement que « n'eût été le secours d'un chaudronnier français, il y aurait arrivé autre chose ». Tout ceci n'empêche pas le groupe de repartir de là « en bons amis pour aller à Quintanileja ». Certes, et heureusement, tous les voyages en groupe ne recèlent pas une telle violence, mais il est vrai que fatigue et douleurs accumulées peuvent être génératrices de conflits.

« Attention ! Sur un chemin aussi long et par moments pas trop facile, il n'y a pas de concession à l'autre. Tu ne peux pas. Surtout dans la durée. Ça passe ou ça casse. » (Marc E., Acigné.)

« Dans le quotidien je suis un solitaire. Il m'arrive de passer des jours seul à peindre dans mon atelier, mais comme j'ai aussi besoin de voir du monde, alors je sors pour me mêler à la foule. Sur le chemin c'est pareil, je vais seul au milieu des autres, avec eux mais en marge. Je fais partie du clan, de la harde, j'ai parfois l'impression de vivre comme un loup dans une meute. Surtout le matin très tôt lorsque nous traversons, en bande, les villages endormis. J'éprouve alors un sentiment de possession des lieux. Une impression bizarre, à mi-chemin entre la meute et le commando. Une impression étrange qui disparaît avec notre séparation. » (Jacques M., Bordeaux.)

Alors, marcher seul ? Au sens strict du terme, en dehors des mois de plein hiver, la chose semble aujourd'hui difficile, et parfaitement impossible en juillet et août, compte tenu de la fréquentation du chemin. Marcher *avec* les autres ? Et jusqu'où ? Je veux dire dans quel espace-temps quotidien ?

« Le compagnon de route, avec lequel il lui arrive de se quereller, est le premier recours du pèlerin. Que la confiance de l'un s'émousse, et c'est le courage de l'autre qui les soutient tous deux. Ainsi les Jacquots prennent-ils soin de ne pas partir seuls *. »

« Il est difficile de marcher avec un groupe. Dès l'instant où les gens parlent entre eux, ils ignorent facilement les autres. Mais c'est un passage obligé pour les jeunes, dont certains recommenceront peut-être plus tard, et seuls, le chemin. » (Rose F., Saint-Pol-de-Léon.)

* Alphonse DUPRONT, *Saint-Jacques-de-Compostelle. Puissance du pèlerinage*, *op. cit.*

Démarche foncièrement solitaire, le pèlerinage s'accommode mal de bavardages et de concessions répétées à l'organisation de vie de groupe, si réduit soit-il. Omniprésent dans l'évocation de la marche vers Compostelle, le silence semble, au même titre que les rencontres — d'ailleurs c'en est une —, la première grande découverte du pèlerin. Paradoxe pour un pays bruyant par nature, c'est le silence qui, en Espagne, frappe le plus les imaginations. Le silence de la Meseta s'entend, pas celui des villes, ni des *refugios* !

Édith de La Héronnière * et Hubert de Torcy ** témoignent de la difficulté de la marche accompagnée. Partie de Vézelay avec deux compagnons, la première est rapidement confrontée au problème d'équilibre du groupe :

« Au départ, un ordre heureux règne. Nul ne peut rester ce qu'il est dans un trio. Si à deux on s'éteint vite, à trois on se ranime sans cesse. La combinaison se forme et se déforme comme ces vols de passereaux dans le ciel romain. Deux créent une bulle. Trois la crèvent. Deux rient et le troisième grimace. Le troisième, le briseur d'ordre, n'est jamais le même. Le trio avance ainsi, mû par une dialectique imparable, contraint d'intérioriser toujours plus les raisons — les déraisons surtout — de son existence, jusqu'à se cogner au mystère des liens tissés si fort et de manière si indissoluble. Il y a quelque chose de l'éternité dans le chiffre trois. »

Le trio se transforme-t-il en quatuor par l'arrivée d'une pèlerine, que la tension demeure entre les hommes, pour lesquels la moindre anicroche entraîne l'empoignade.

Parti du Puy-en-Velay, Hubert de Torcy est rejoint

* *La Ballade des pèlerins*, Mercure de France, 1993.
** *Carnet de route pour Compostelle*, Fayard, 1995.

sur le chemin par des amis qui l'accompagnent en se relayant. Bien que souhaitée, cette présence le perturbe, incompatible avec les prières et les exercices de méditation dont il rythme ses journées.

« Je sens déjà que je n'ai plus de patience. Je suis tendu. J'ai peur. Je redoute d'avoir des pensées mauvaises, de ne pas réussir à pardonner, d'en faire trop et de me gâcher l'existence… »

Comme quoi, en certains cas, l'autre devient vite insupportable. Et pour les couples, le chemin est-il plus facile ?

« À chacun sa réponse ! Pour moi le chemin de Compostelle est avant tout un chemin de solitude. C'est pourquoi les couples y rencontrent souvent des difficultés, et qu'il y en a si peu. Nous, nous avons pu le vivre ensemble. Bien, mais avons-nous réussi à transcender nos personnalités pour aller au-delà, et vivre justement en couple ? C'est la question que nous devrions nous poser. Au départ, c'est un chemin de solitude et donc de solitaires, mais je viens de réaliser qu'avec Marie nous avons vécu ce chemin de solitaires en couple, avec toutes les difficultés que cela pouvait représenter, et je n'ai pas l'impression d'avoir été floué dans cette affaire-là. » (Marc E., Acigné.)

Sous d'autres formes, avec d'autres mots, la formule reviendra souvent dans les entretiens : à chacun son chemin. À chacun ses réponses.

À Belorado, privé d'eau par la sécheresse, et où certaines rues demeurent à l'état de chemins de terre, nous assistons à un mariage au luxe époustouflant. Étonnant contraste entre les invités richement vêtus participant à la cérémonie et les autochtones se tenant à distance. Qui est le plus à plaindre du curieux regardant et de l'avantageux regardé, dans ce défilé de voitures prestigieuses et de fortune étalée ? Ici comme ailleurs, l'argent impose sa loi, donnant de l'assurance aux uns, et des complexes aux autres. Reste que la robe de la mariée est une pure merveille de perles, soie et satin, et que sa mère, vêtue à la mode gitane, est tout simplement splendide. Plus tard, j'apprendrai que la fille d'un gros propriétaire terrien des environs venait d'épouser le fils d'un non moins important propriétaire d'oliveraies andalou. Qui oserait encore prétendre que l'amour est enfant de bohème ?

San Juan de Ortega

Dimanche 25 juin 1995. Il n'est pas tout à fait six heures lorsque nous longeons notre premier champ de blé, escortés de loin en loin par le réveil des coqs. Réminiscence de notre précédent passage : Gisèle se souvient des détails marquants du chemin, fontaines, lavoirs, ponts des villages traversés. Sa mémoire est telle qu'à plusieurs reprises elle nous évite des erreurs lourdes de kilomètres. À croire qu'elle est née ou a vécu au bord de cette draille. Je le lui dis. Elle rit.

« Symboliquement, ce n'est pas faux. Je suis peut-être re-née ici, va savoir ? »

À l'entendre, cette première marche vers Compostelle demeure un moment clef de son existence.

« En 93, ce chemin m'a éblouie au vrai sens du terme. Il m'a aussi beaucoup appris, sur moi-même et sur les autres. Et puis nous avions la chance de pouvoir vivre cette expérience ensemble, et c'est une expérience irremplaçable autant qu'intraduisible. »

Dirait-elle qu'elle vécut alors l'un de ces rares instants où nos lignes de vie semblent s'unir de façon cohérente, pour ne plus faire qu'un chemin ?

« Il y a de cela, sans doute, mais de façon plus simple, plus terre à terre. Je me méfie des grands mots autant que des théories. »

Métaphore ou allégorie de la parabole : « Je suis le chemin, la vérité, la vie » ? Rires.

« Ah, ça ! Dieu seul le sait ! »

Mais comme à son habitude Dieu se tait, et moi je ne sais pas, je ne sais rien, n'avance aucune hypothèse facile, je suis ailleurs, dans mes pensées, où le chemin des jacques ressemble depuis quelques instants au poste d'aiguillage d'une vaste gare de triage. À moins qu'il soit une entreprise comptable chargée d'établir, au vu d'inventaires certifiés, les bilans les plus compliqués qui soient, ceux d'individus en rupture d'eux-mêmes.

Montes de Oca, trois heures de marche au milieu de forêts touffues, et par certains côtés assez peu rassurantes. C'est du moins le souvenir que nous en gardions, et ne retrouvons pas, dispersé l'an dernier dans les cendres d'un incendie. C'est donc au milieu d'une armée de troncs calcinés que nous suivons, moral en berne, ce chemin de crête autrefois si beau. Enfin, à une heure de San Juan de Ortega, les arbres réapparaissent, avec la vie sauvage qu'ils protègent et nourrissent, incarnée par deux chevreuils qui s'enfuient devant nous. Longue descente vers le monastère dont les toits émergent peu à peu de la végétation.

San Juan, où nous retrouvons le père José Maria Maroquín semblable à lui-même, bourru et souriant, l'éternelle cigarette aux lèvres. La journée apporte son lot de pèlerins, et nous sommes vite une quarantaine, dont une dizaine seulement assisteront à l'office du soir. Il y a trop longtemps que le père José Maria demeure en ces lieux, rejoint de temps à autre par un ou deux proches, mais le plus souvent seul, pour se faire des illusions sur la profondeur des sentiments religieux des pèlerins qu'il héberge.

« Encore, ce soir, ce n'est pas le pire : il y a des

jours où nous pourrions nous compter sur les doigts d'une main. »

Dans son homélie il a parlé en termes très simples du sens de l'ailleurs, de la marche vers l'autre, et bien entendu du pèlerinage.

« Si vous deviez mourir demain, sur ce chemin, dites-vous que votre vie serait accomplie pleinement car vous seriez morts en état de recherche absolue [il répète plusieurs fois *absoluta*]. Et lorsque vous serez revenus chez vous, dites-vous que vous serez encore sur ce chemin, et que vous y serez désormais toujours, car c'est un chemin qui ne connaît pas de fin. Sachez-le, et ne l'oubliez jamais. »

Près de moi, un jeune Espagnol pleurait. Comme chaque soir où « le monde s'arrête chez lui », le père José Maria nous offre une soupe à l'ail, sa soupe à l'ail, célèbre sur ce chemin dont il est l'une des figures marquantes. Repas convivial où chacun offre ce qu'il possède, en général peu de chose, une boîte de pâté ou de sardines, un saucisson, des portions de fromage. De ces miettes avec lesquelles on fait d'excellents repas, où la fraternité et le plaisir d'être là, à cette table, près de cet homme, remplacent avantageusement la gastronomie. En fait, plus que des aliments, c'est un projet que nous partageons, et c'est cela qui rend les choses si simples et tellement fortes. Demain matin à l'aube, lorsque après avoir partagé avec lui un *café con leche* nous repartirons, les mots se chercheront un peu.

« *Hasta luego* ou *adios* ? Nous reverrons-nous ? Pourquoi pas ! Vous êtes là, et ce n'était pas prévu. Vous ne savez pas pourquoi vous vous êtes remis en chemin, alors pourquoi voudriez-vous savoir, aujourd'hui, ce qui vous attend demain ! Faites confiance à Dieu, marchez, allez vers Compostelle et revenez me voir un jour. Si je suis encore là ! »

Hier soir nous avons conversé, moitié en espagnol, moitié en français, sur l'avenir du chemin. Lui aussi se dit pessimiste, compte tenu de sa fréquentation de plus en plus anarchique, et de l'absence de projet de la part de l'Église, qui laisse sans doute passer une occasion historique de nouer, ou de renouer, un dialogue avec une population plus ou moins en recherche — « ou pour le moins dans une démarche spirituelle qui se situe en dehors de l'Église, dont les structures sont trop souvent jugées archaïques ». Doutes et inquiétudes que je partage complètement. Dans quelques mois, le père José Maria confiera les mêmes interrogations à un ami pèlerin : « Pourquoi tous ces gens ? Ceux qui croient en Dieu, je les comprends, mais les autres ? »

De nouveau forêt de Oca, puis cet immense plateau désertique où seuls la mousse et le lichen semblent puiser de quoi vivre. Nous retrouvons ces croix de bois dont les premières apparaissent en Aubrac : quinze, vingt mètres de haut, dressées vers le ciel, balises qui nous guident et nous orientent comme bateaux vers le port, rassurants sémaphores qui appellent de loin, de très loin, de si loin devrais-je dire. Chaque découverte de l'une d'elles s'accompagne d'un peu d'émotion teintée de reconnaissance ; les toucher donne, paraît-il, de la force. Je ne le crois pas, tout en cédant au rituel.

À plusieurs reprises, le déclin du pèlerinage nous a été annoncé, pour les premières années du XXIe siècle chez les plus optimistes, avant la fin du millénaire pour les pessimistes. Ceux-là oublient que la dernière année sainte du siècle, et du millénaire, sera célébrée en 1999. Ouverte le 1er janvier, la porte du Pardon de la cathédrale de Compostelle sera close dans les dernières heures du 31 décembre. Ordinairement — même au cours de la période du déclin —, chaque année sainte, événement très important pour la chrétienté, attire des foules considérables en Galice. Il est donc permis de penser que, compte tenu de la portée religieuse, spirituelle et symbolique de celle-ci — une porte qui se ferme sur le temps —, ces foules seront encore plus imposantes. Bien entendu, la grande majorité des fidèles présents à Compostelle le 25 juillet pour les fêtes de la Saint-Jacques n'auront fait le trajet ni à pied, ni à vélo, ni même à cheval. Qu'importe : notre société médiatisée se nourrissant prioritairement de faits, elle diffusera assez d'images et de commentaires pour susciter, sur plusieurs années, de nouvelles vocations pèlerines. Je ne crois donc pas au déclin annoncé, tout en m'interrogeant sur les raisons profondes de l'engouement actuel.

Reste que le comportement des Espagnols est différent de ce qu'il était deux ans plus tôt. Sans se traduire de façon formelle, cela se sent et se pressent, impatience manifestée ici, indifférence et mutisme là, avec comme preuve tangible la raréfaction des signaux de salut et d'encouragement que sont les coups de klaxon des automobilistes. Multiplication de petits riens, prémices supposées d'un contentieux accumulé. Les mieux informés prétendent que le comportement de quelques *peregrinos* serait cause de la désillusion des autochtones. Il est vrai que certains d'entre nous, peut-être parce qu'ils sont à l'étranger, oublient facilement les règles de savoir-vivre et de respect élémentaires sans lesquelles le voyage, ce « chemin à parcourir », s'apparente vite à un épouvantable gâchis. Gestes malheureux, paroles déplacées, mépris et surtout méconnaissance profonde de l'histoire et de la culture du pays ne sont pas sans conséquence sur une population rurale foncièrement pieuse, interloquée par des attitudes et façons de faire pour le moins irresponsables.

« En Espagne, je me sens espagnole, en réaction

aux Français qui deviennent vite des caricatures. Je ne veux pas leur ressembler. » (Marie E., Acigné.)

Cela dit, la bêtise étant plus œcuménique que la foi, force est de constater que les caricatures ne sont pas obligatoirement françaises, mais davantage le fait de touristes que de pèlerins ou de randonneurs. Je m'arrête sur le mot « touriste ». Par quelle déviation intellectuelle ou sociale celui-ci, respectable hier, est-il devenu aujourd'hui synonyme de personnage de basse estime, au point même que son qualificatif, dans le langage courant, est devenu péjoratif ? Après tout, le « pérégrin » est par nature, et dès ses premiers pas, étranger voyageur, et donc forcément touriste, puisque, traversant pays et contrées, il les visite. On me rétorquera que le pèlerinage ne se conçoit que dans la démarche vers un corps saint, des reliques, un lieu ou un espace sacré. Sacré ou sacralisé ? L'introuvable corps de Juliette ne peut en aucun cas s'apparenter à une relique, il n'empêche que des foules considérables viennent chaque jour, et du monde entier, se recueillir devant son tombeau vide, sacralisant par leur présence non seulement le lieu mais la légende, autrement dit un imaginaire. Les exemples peuvent se multiplier de « pèlerinages » qui n'en sont pas vraiment tout en l'étant un peu, lieux de cultes oubliés, mémoire enfouie de pèlerinages avortés. Je n'en retiens qu'un seul, un morceau de campagne lombarde qui faillit devenir plus ou moins temple, le devint même, avant de sombrer dans l'oubli : Andes, en Italie, à cinq kilomètres au sud de Mantoue, à moins que ce ne soit à Carpenedolo, trente-cinq kilomètres plus bas. C'est en ce lieu gyrovague que naquit, le 15 octobre de l'an de Rome 684, soit soixante-dix ans avant Jésus-Christ, Publius Virgilius, notre Virgile. On sait que revenant d'un marché sa mère accoucha dans un fossé, et l'on n'a pas oublié que pour sacrifier à une coutume locale le père planta, à l'endroit où venait de naître son fils, une baguette de peuplier. Ce que l'on sait moins, c'est que Maria Polla, la mère, s'était vue en songe accoucher d'une branche de laurier, et que celle-ci, enracinée, avait aussitôt couvert le ciel du feuillage d'un arbre. Allégorie ou prémonition de la gloire à venir du poète, il n'en est pas moins vrai que la baguette plantée par le potier apiculteur Virgilius devint elle aussi un arbre resplendissant, plus grand et plus fort que tous les autres, et que des femmes enceintes prirent l'habitude de venir adorer, en s'y frottant un peu, ce peuplier géant. Histoire, légendes, lieux de martyre, d'apparition ou de massacre, à quoi tient la sacralisation d'un espace ? Pourquoi les hommes, où qu'ils se trouvent et quels qu'ils soient, répondent-ils depuis si longtemps à cet appel informel autant qu'irrépressible qu'il me faut bien nommer nomadisme religieux ?

« Aujourd'hui, sur les chemins de Compostelle de plus en plus fréquentés, on rencontre des gens très divers : des amoureux de la nature, des gens qui aiment l'effort et la persévérance, des chercheurs de Dieu, des catholiques, des protestants... Aujourd'hui, Compostelle est notre bien commun. Et puis, mes amis, un pèlerinage, quelle parabole ! Partir ainsi, comme Abraham, comme les pèlerins d'Emmaüs, sans trop savoir ce que l'on va vivre, et découvrir le silence, la nature, se retrouver soi-même, accueillir des compagnons de route, puis, au détour d'un chemin, entendre Dieu, rencontrer le Christ. Les chemins de Compostelle sont une image et un instrument de notre marche vers l'unité. Alors, vous les pèlerins, quand vous vous mettez en route, sachez que vous marchez aussi vers l'unité de tous les chrétiens. Donnez-en des signes. Priez pour que cette unité bientôt se réalise. Afin que le monde croie. » (Sermon prononcé le 26 juillet 1998 par le pasteur

Marc Chambron lors de la messe concélébrée à Beaumont à l'occasion de l'inauguration d'une place Saint-Jacques-de-Compostelle dans ce village situé sur le chemin Genève-Le Puy-en-Velay.)

« Je ne me souviens pas de la raison qui m'a poussé à partir la première fois vers Compostelle. C'était en 1982, j'avais quarante-six ans, et je partais de chez moi en voyage, tout simplement. Je ne suis pas marcheur dans l'âme, mais les distances ne m'effraient pas. Pourquoi pas ce voyage au long cours ? J'étais croyant, disons que j'allais à la messe, enfin j'allais de nouveau à la messe après une interruption de près de dix ans consécutive au décès de maman, que j'avais trouvé trop injuste. Mais entre la messe du dimanche et partir sur le chemin, il y a un monde, tu comprends. On ne parle plus des mêmes choses, même si quelque part elles peuvent se rejoindre. Je n'étais pas en recherche de Dieu. Non. J'allais à Compostelle. Il y avait vingt ans que j'y pensais, comme ça. Compostelle c'est un mythe, un peu notre Californie européenne, non ? L'opportunité de temps s'est présentée, je suis parti, en voyage. Le pèlerinage est venu plus tard, dans la traversée de la Meseta où je me suis trouvé seul, petit, écrasé, et où je me suis dit : Qu'est-ce que tu fais là ? Pourquoi tu ne rentres pas à la maison ? Là, j'étais dans le pélé, pas avant. Et ce voyage, ou pèlerinage, appelle ça comme tu veux, a bouleversé ma vie. Le retour surtout, qui marque les limites de ton rêve. Parce que tu rêves sur le chemin. Tu vis dans un rêve, qui pour certains peut se changer en cauchemar. Tu es libre et tu rêves. Pour moi c'est ça, Dieu, la liberté et le rêve. Cela dit, tu as un avant et un après, difficiles à gérer par rapport aux autres. Cette expérience de 1982 m'a révélé ce que je savais plus ou moins : que j'étais un vagabond dans l'âme, un type de la route.

« Rentré chez moi je n'ai pensé qu'à repartir. J'avais envie de tout quitter, ma femme, mes amis, mes soucis, mais aussi mon bonheur. J'avais, j'ai une existence privilégiée, protégée, sans problèmes financiers. C'est tout cela que j'ai voulu quitter. Rompre avec, partir. Mais je ne marche que sur ce genre de chemins. Jamais pour la traversée de la Corse ou le tour du mont Blanc : vers Compostelle. Ce n'est pas la route pour la route, mais des chemins particuliers. J'ai repris mon sac et mon bâton en 1988, puis en 1993 où je suis parti de Rome, et en 1996 de Jérusalem. Pourquoi ? Pour réunir dans une même démarche le souvenir des apôtres Pierre et Paul à celui de Jacques, et bien sûr, pour Jérusalem, celui de Jésus.

« Cela dit, même lorsque c'est un peu difficile, je suis assez teigneux pour tenir. J'ai aussi la chance d'être en bonne condition physique, ça compte. Quant au danger, je n'y ai jamais pensé. J'ai toujours pensé que l'homme était foncièrement bon, je n'ai donc pas eu peur. Ni des autres ni de l'accident. Tu comprends, le chemin c'est ça, il y a des risques, c'est vrai, pas beaucoup, mais enfin, on compte des morts tous les ans. Chez toi aussi il y a des risques. Tous les jours des gens se tuent sans sortir de chez eux. Il faut le dire, c'est vrai. Alors si tu as la trouille, tu ne prends pas ton sac, tu restes dans ton lit. Encore que ce ne soit pas l'endroit le plus sûr ! Moi je ne prie pas beaucoup. Un “Notre Père” et un “Je vous salue Marie” le matin, point final. C'est la marche qui est prière, pas les mots. Les mots sont faits pour ceux qui ne bougent pas, ceux des églises en pierre. Sur les chemins, je me sens dans une autre église !

« Non, je ne suis pas en recherche. En recherche de quoi ? Je n'ai rien à trouver, c'est déjà fait. Je marche dans ma foi, cela me permet d'aller vers les autres, dont certains tellement préoccupés par leurs questions existentielles ne voient ni n'entendent plus rien. Je suis un privilégié, du moins je m'estime comme tel, quelqu'un qui mène une vie agréable sur le chemin, parce que je sais pourquoi j'y suis ! Mais j'en ai vu, attention la galère ! Lorsque je suis parti en 1982, mes proches n'étaient pas très fiers, à commencer par mon épouse qui n'en parlait à personne. Cela ne faisait pas très sérieux pour un commerçant. Ensuite j'ai donné des conférences, aidé et conseillé des gens à partir, je les ai fait rêver aussi en leur disant qu'eux aussi pouvaient aller à Compostelle. Ils emmenaient ça chez eux, rêvaient un peu, et un jour ils venaient me voir, plus ou moins prêts à partir. Parce que Compostelle, c'est dans la tête avant d'être dans les jambes. » (Guy A., Montereau.)

Fidèle comme un chien de garde, la Meseta nous attend aux portes de Burgos. Toujours le même choc à la découverte de ces immenses étendues où le regard, faute de pouvoir s'arrimer à un point précis, se perd. Les pluies récentes ont fait naître et fleurir une végétation multicolore, qui durant deux ou trois jours, peut-être moins, ajoutera à ces paysages splendides. Salut vieux plateau castillan où nous allons nous perdre, au sens symbolique du terme, à raison de plusieurs dizaines de kilomètres par jour, pendant près d'une semaine ! Tardajos, Hornillos del Camino, ruisseau de Sambol où le dominicain italien Laffi donna en 1673 l'extrême-onction à un pèlerin épuisé, dévoré par les criquets. Hontanas... Les villages se succèdent de loin en loin, entre deux disparitions de verticalités, arbres ou constructions, sinon parfois une croix ou ce qu'il en reste, ou droit devant un point sombre qui se déplace : un *compañero* que l'on rencontrera dans un ou deux jours, peut-être jamais.

Pragmatique, le regroupement de l'habitat rural en villages fut imposé par la Reconquista comme moyen de défense. Le procédé fut certes efficace, mais sans doute moins que dans ses conséquences sur l'organisation agricole des terres laissées vacantes : d'immenses plaines céréalières ou pastorales, sur lesquelles l'Espagne porte le regard de Chimène. Par quelle aberration ou inattention des pouvoirs publics l'ancien monastère de San Antón est-il devenu propriété privée, défendue par des barbelés et, qui plus est, gardée par des molosses ? Ici aussi le cimetière des pèlerins a disparu. Le fait se répète de plus en plus souvent. L'argument historique et archéologique semble bien commode, je soupçonne plutôt une volonté délibérée d'aseptiser le chemin en le purgeant de ses souvenirs les plus tragiques. Pourquoi ? Ces tombes ne faisaient-elles pas partie du patrimoine de l'épopée ?

À peine remise de sa dernière rixe, la bande à Manier se présente ici, au couvent Saint-Antoine où, nous dit le tailleur, « les pères ont, sur leur habit noir, une lettre, un T en rouge, et, pour la moindre incommodité, coupent bras ou jambes du pèlerin et les pendent à la porte de l'hôpital ». Nous sommes, faut-il le rappeler, en 1726. Les mœurs auraient-elles évolué à ce point — pour ne pas dire dégénéré — pour que l'hospitalier voué à l'accueil troque, à la première occasion, son bol de soupe contre la hache du bourreau ? Exagération de Manier ? Difficile à croire, ce n'est pas un menteur, d'autres sources le confirment. Exagère-t-il parfois que c'est le merveilleux qui l'emporte, jamais l'intention de tromper. Alors ? Faute de preuves nous marchons vers Castrojeriz, dont la découverte au débouché du chemin est toujours si poignante. Castrojeriz, que notre Picard s'obstine à appeler Quatre-Souris et où des dames lui achetèrent des aiguilles en quantité, ce qui prouve que, malin, il n'était pas parti de son atelier les mains vides.

Pour arriver dans cette ville, réduite par l'exode de ses habitants au rang de bourg, où Manier compte cinq ou six couvents, et une curieuse meule à poivre mue par un cheval aveugle, il lui a fallu, ainsi qu'à ses compagnons, passer, compte tenu des choix de chemins à la frontière, par le tunnel San Adrian. Ce tunnel, qu'il baptisera « trou Saint-Adrien », est l'un des hauts lieux du Camino Primitivo et la voie initiale des pèlerins du IXᵉ siècle. Situé dans le mont Araz, entre Zegama et Vitoría, cet itinéraire permet d'atteindre Burgos par les cols. Tombé en désuétude lors de l'ouverture du Camino Francés par Godescalc, le tunnel ne fut jamais complètement abandonné, emprunté notamment par les pèlerins anglais débarqués à San Sebastian ou Bilbao. Lorsque Manier s'y risque, d'illustres personnages l'ont précédé, dont Philippe le Bel et sa cour, ce qui, entre parenthèses, ne laisse pas d'étonner. Que dit notre pèlerin de ce qu'il voit ?

« Que cette montagne est une des plus hautes du monde [sans doute l'était-elle vraiment pour un natif de pays plat], et qu'il faut bien deux heures pour y parvenir. Y étant arrivés, vous voyez une pierre aussi grosse, tout d'une pièce, comme le plus gros château que l'on puisse s'imaginer, où dedans le milieu est un trou percé que l'on appelle le trou Saint-Adrien, où dedans est une chapelle et un cabaret. Et de là en bas paraît tout précipice de toutes parts. Après cela on monte encore pour entrer dans un bois. En descendant sur la droite se voient des montagnes rouges, fort curieuses. »

À Castrojeriz, nous pique-niquons près de la fontaine du village, sur la plaza Mayor, à quelques mètres de l'endroit où fut exhumé dernièrement un squelette muni d'une coquille Saint-Jacques. Près de lui, quelques pièces de monnaie anglaises et françaises du

XVIe siècle et la pointe ferrée d'un bâton témoignaient de sa qualité.

Comme toujours, et plus que jamais compte tenu de la chaleur, départ à la pointe du jour. Rude montée vers le plateau, au sommet duquel nous contemplons le lever du jour sur la Meseta, et Castrojeriz. Spectacle grandiose, inoubliable, inoublié, quelques minutes suspendues qui resteront comme l'une des plus fortes impressions de grandeur et de solitude de tout le parcours. À présent le chemin serpente entre les champs de céréales, assez pauvres, et la caillasse la plus nue.

« La Meseta m'a beaucoup impressionnée. Du blé à perte de vue, et une lumière extraordinaire jouant dessus, le matin surtout c'était superbe. Je marchais avec un Basque espagnol imitant à la perfection le chant des oiseaux. Dans la Meseta il n'y a pas d'oiseau, ou très peu, ou tout au moins on ne les voit pas, mais mon compagnon n'avait qu'à siffler, et aussitôt nous étions survolés par des bandes d'oiseaux venus de je ne sais où. C'était un spectacle magnifique autant qu'impressionnant. » (Christian C., Acigné.)

La terre ici s'apparente de plus en plus à du sable. Les arbres sont absents ou regroupés dans les zones humides, comme les maisons. La vie ici ne se conçoit que collective, pour la futaie autant que pour les hommes. Heureuse surprise, l'ermitage de San Nicolas, reconverti en hôpital de pèlerins au XIIe siècle, et que nous avons connu ruiné, est restauré et rendu à sa vocation d'accueil. Un chemin de terre, ouvert à travers champs, y conduit. On nous y reçoit de façon chaleureuse. Tout y est simple et beau, le dépouillement compte certainement pour beaucoup dans cet équilibre, mais aussi les options des restaurateurs, qui ont choisi de remonter aux sources clunisiennes du bâtiment et de sa fonction. Le tout se compose d'une grande salle commune avec, à l'est, dans une abside du plus pur roman, un petit autel indiquant que malades et mourants pouvaient assister aux offices depuis leur paillasse.

« Un jour, je marchais en Espagne vers un village où sonnait la messe. Lorsque je suis arrivé à l'église, l'office était commencé et, quand je me suis présenté à la communion, le prêtre m'a dit : “Pas toi, je ne t'ai pas vu à la messe.” J'étais assommé. À la fin de l'office, je suis allé le voir à la sacristie, et lui ai dit : “Toi, je ne t'ai pas vu sur le chemin pour m'aider à porter mon sac quand j'en avais besoin !” Il m'a donné la communion… Une autre fois, toujours en Espagne, un autre curé m'a dit : “Quelle grande pénitence ce doit être pour vous, tout seul sur ce chemin”, pensant que je devais expier un crime. “Non, pour moi c'est au contraire une grande joie (et je lui cite l'introït). De même que vous aimez vous promener avec un ami ou un parent, de même je marche en SA compagnie — Je m'approcherai de l'autel du Dieu, du Dieu qui réjouit ma jeunesse.” Nous ne parlions pas la même langue ni, manifestement, n'adorions le même Dieu. » (Louis J., Sévrier.)

À Itero de la Vega, où tout est fermé, je demande au premier passant rencontré la direction d'une boulangerie ou d'un bar. Suivez-moi, une, deux, trois rues avant de s'arrêter devant une maison, fermée elle aussi. *« Esperar un momento »*, il disparaît dans un couloir. Nous attendons un peu et sommes sur le point de repartir quand une femme en robe de chambre, manifestement mal réveillée, nous fait entrer chez elle et nous sert à manger. Gisèle, qui pensait que je n'avais pas compris ce qu'avait dit l'homme, ne sait plus comment s'excuser de notre intrusion. Au moment de régler — « *¡De nada ! ¡De nada !* (De rien !) » —, l'hôtesse nous offre à chacun des bonbons. Pour penser à elle sur le chemin, et bien entendu prier pour elle, là-bas, à Compostelle, où elle n'ira probablement jamais.

« Aller à Compostelle avec Marc, c'était pour moi comme une libération. Avoir des enfants, c'est bien. Mais ce n'est qu'une partie de la vie seulement, et le fait de pouvoir partir, s'évader, ne penser à rien, ni au fric ni à l'organisation matérielle de la vie, pour moi c'était la liberté avec un L majuscule. Vivre quelque chose pour nous tout seuls, et c'était bien. Ce voyage a marqué une étape dans notre vie de famille, comme dans celle de notre couple. Compostelle c'était une image lointaine, un lieu lointain, un endroit où l'on ne s'arrête pas. C'est le chemin qui compte. Franchement, je ne crois pas à la présence de l'apôtre là-bas, mais est-ce bien important ? J'ai marché dans le souvenir de ceux qui nous ont précédés, dans la recherche des traces. Saint Jacques à Compostelle tient plus de la légende que de l'histoire, tout le monde le sait. Chacun le vit comme il l'entend. Si on a inventé cette légende, c'est que nous avons besoin d'histoires merveilleuses, de mythes. On ne peut pas rester dans l'abstrait, il faut que l'on nomme la quête, c'est commode finalement. Alors, saint Jacques, pourquoi pas ? Pourquoi pas lui ? Mais, au bout du compte, que tu aies reconstitué ton apôtre ou la quête, ça n'a pas d'importance.

« Je pense que je suis croyante, oui, mais de quoi ? Ce que j'aime dans le christianisme, c'est l'humanisme qu'il professe. Cela dit, il y a aussi des tas de choses que je n'aime pas, qui m'insupportent. Mais enfin, je ne suis pas allée à Compostelle pour me positionner dans une religion ou face à ses dogmes. Au niveau spirituel, je ne saurais pas dire ce que ce voyage m'a apporté. Bizarrement, c'est au niveau sensuel que cela m'a le plus marquée. La disponibilité aux odeurs de la terre, au ciel, aux couleurs, aux gens, aux oiseaux comme aux insectes, disponible, oui, ce que je n'étais pas forcément avant. Ce que je ne savais peut-être pas être. J'ai vécu cette marche sur un rythme monacal, un temps pour l'échange, un temps de communion dans l'effort, un autre pour jouir du repos, du culturel, de la nature. Quand tu marches avec les autres, tu éprouves des résonances très primitives, la même façon de frapper la terre, d'absorber le silence. Tu n'as plus besoin de mots. Entre le ciel, la terre, le vent et toi, il y a le chemin. Les vibrations de la marche te donnent un équilibre, c'est incontestable. Si tu n'es pas bien sur la terre, dans ton corps, dans tes pieds, tu n'es pas bien dans ta tête et mal avec les autres. » (Marie E., Acigné.)

« Oui, c'est la deuxième fois que je me trouve ici, à León. Un jour j'irai à Santiago. Quand ? Un jour. Je suis parti de Saint-Léonard-de-Noblat avec cinq compagnons de route constituant pour moi une sorte de famille, artistique, culturelle et spirituelle. Nous nous sommes engagés à atteindre Compostelle ensemble. C'est la raison pour laquelle je rebrousse chemin. Je me suis engagé avec eux dans une sorte de quête, celle d'atteindre le Saint-Graal ensemble. Un jour, donc, nous atteindrons Santiago… Un jour. Plus je marche, plus je pense que le vrai sens de mon projet n'est pas d'atteindre Compostelle mais de me trouver, encore et encore, sur ce chemin. » (Jacques M., Bordeaux.)

Frómista, Villalcázar de Sirga et son église templière, Maria la Blanca. Mais que sont devenus nos compagnons ? Où se sont-ils perdus, en quel mirage, au détour de quel renoncement ? Nous allons seuls, dans un étonnant silence, le long d'une route oubliée, quelque part en Castille. Cela fait combien de temps que nous marchons ainsi ? Quarante-cinq jours, dix ans, ou un siècle ? Difficile de se mettre au clair, d'arrêter des comptes, même approximatifs : ma mémoire s'y oppose, s'embrouille, confond les dates. À part le regard qui s'aiguise sur ce long ruban rectiligne, ma tête est au repos, mon esprit en vadrouille, déserteurs d'un corps qui va, mécaniquement, un pas après l'autre.

Et puis, il y a cet autre qui me précède, personnage de fantaisie, ni guide, ni ange gardien, ni sosie, ni jumeau, rien et pourtant un peu de moi-même : mon ombre. Elle court, elle va, toujours en tête, rivalisant d'astuces pour ne pas se laisser rattraper, le matin surtout, où au mieux de sa forme elle m'ouvre les chemins de l'ouest. Ensuite elle se fatigue, disparaît une heure ou deux, revient pour me suivre comme un chien à la traîne. À cet instant, je sais que ma journée s'achève, que l'heure est au village invisible mais présent, maisons de terre jaillies d'un horizon de terre couleur de terre.

Dans le bar de Villalcázar, installés à des tables séparées, sept pèlerins français se restaurent en silence. Salutations distantes, absence de sourire, la tension se pressent, ce qui, à cette heure matinale, augure mal de la journée. En fait, parti de Burgos, le groupe en proie à la zizanie s'est scindé en deux clans qui, tout en vivant ensemble, s'ignorent. Excédé, le responsable menace de tout abandonner sur place.

« Pas plus que je ne suis assistant social, je n'ai de vocation de Casque bleu. Vos problèmes, vous vous les gardez, ou je rentre chez moi. Compris ? »

De lourd qu'il était, le silence se fait écrasant, les regards se figent sur les tasses de café. Mauvais réveil, rancœurs et déceptions accumulées, les mots se font inutilement durs, puisqu'il leur faudra vivre ensemble — à moins de rebrousser chemin vers Burgos ou de dénicher un autobus — jusqu'à la gare de Sahagún, distante de soixante kilomètres. Projet bancal ficelé à la hâte, mal préparé, improvisé autour d'un verre, un soir de barbecue, l'histoire d'une bande de copains partie passer des vacances sportives «et pas chères» en Espagne. Confondant le Camino et la Costa Brava, ils se sont fourvoyés. Erreur funeste que la chaleur et les paysages tragiques de la Meseta ne pouvaient qu'amplifier. Il y a dans ce groupe que nous fuyons quelque chose du radeau de la Méduse, un après-naufrage pire que le naufrage lui-même.

«Des souvenirs sur ce chemin, j'en ai des bons et des moins bons. Le premier tient au pourquoi je me suis trouvé à le suivre, à cinquante-quatre ans passés, alors que j'aurais dû me trouver au boulot. Eh bien justement, du boulot je n'en avais plus. Terminé, dehors en quelques semaines. Je suis veuf, mes enfants sont loin. J'ai trouvé un bouquin, et je suis croyant. Catholique pratiquant même. Je me suis dit : Cette injustice humaine est aussi une épreuve divine, tu dois faire face, te prouver et montrer aux autres que tu n'es pas pourri. Je suis donc parti, et je dois dire qu'en France j'ai déchanté. À commencer par Conques, que je connaissais pour y avoir séjourné dans les années quatre-vingt avec ma femme. J'en gardais un souvenir extraordinaire. C'est d'ailleurs pour cela que je suis parti du Puy, autrement j'aurais choisi Vézelay qui me tentait, et se trouvait plus proche de chez moi. À Conques je n'ai rien reconnu. Tout a été refait, remanié, réparé. C'est clean, mais pas toujours réussi. Je veux bien que les restaurations soient nécessaires, mais là on a mis le paquet, non ? Je passe sur les commerces de transit, dont on sent bien que les valises ne s'ouvrent que deux mois par an, les mêmes que l'on rencontre à Rocamadour ou ailleurs. Mais à Conques ?

«Je suis arrivé au gîte des pèlerins situé derrière l'église dans une sorte de climat surréaliste. J'étais le seul et unique pèlerin du jour. À se demander où étaient passés les trois autres que je venais de rencontrer sur le chemin. Cela dit, les gens n'étaient pas désagréables, mais n'étaient guère concernés par le pèlerinage. Certains suivaient des stages de je ne sais quoi, d'autres étaient en vacances, des gens qui à mes yeux n'avaient rien à faire là. Je noircis peut-être le tableau, j'étais seul et fatigué, c'est vrai, mais je ne me suis jamais senti à l'aise : étranger, ce qui est un comble dans un lieu qui doit tant au pèlerinage. En dehors des offices, je n'ai pratiquement pas vu les prémontrés. J'ai appris ensuite qu'ils partageaient le repas du midi avec les séjournants, mais les pèlerins, eux, arrivent le soir. Bien sûr ces moines ont des obligations, un travail sans doute énorme, mais... Tout cela m'a bien contrarié. Je suis reparti de Conques avec l'impression que c'était devenu bidon. Tout, le village, les gens — même la bénédiction du matin m'a laissé mal à l'aise. Trop de célébrité, peut-être ? Je ne sais pas ce qu'en pensent les autres. Moi je suis croyant, j'attends autre chose d'un tel lieu.» (Philippe, Arras.)

Phrases assassines, colère, il arrive que le pèlerin donne de la voix, vitupère, réclame, accuse, tonne et s'emporte. Parfois à bon escient, quelquefois à tort. Manifestement, ce compagnon appartenait au camp de l'excès ; il en faut, et cela ne me gênerait guère si la justice y trouvait son compte. Ce qui manifestement n'était pas le souci premier de mon interlocuteur, dont la diatribe dissimulait à peine la détresse. Blessé de la vie, invalide social, l'un de ces hommes remisés en marge d'une société inique, plus préocupée de courbes de rentabilité et de profits que de respect de l'être. Désireux de rétablir ce qui m'apparaissait être, sinon la vérité, du moins une certaine justice vis-à-vis de Conques et de ceux qui contribuent à sa sauvegarde, j'ai hasardé quelques arguments qui n'ont pas semblé le convaincre. Celui-là était malheureux et le restera aussi longtemps qu'il portera en lui cette écharde douloureuse dont saint Paul se plaignit longtemps avant d'en comprendre le sens. Écharde symbolique, dont me parla un soir à Navarrenx le père Sébastien Ihidoy. Malheureux pour longtemps, à moins que le chemin ou le mystérieux apôtre qui l'attend au fin fonds des terres ne le soulagent par je ne sais quel exorcisme plus puissant que sa colère.

Jour de marché à Carrión de los Condes. De vieilles paysannes vêtues de noir se signent sur notre passage. Ce geste qui m'a tant ému lors de notre premier pèlerinage ne m'étonne plus qu'à peine. Que nous le voulions ou non, nous représentons l'un des symboles les plus forts de l'Évangile ; celui du Chemin dans la parole de Jésus.

« Moi j'ai marché pour ceux qui ne peuvent pas le faire, personnes âgées, malades, handicapées. Ma démarche était religieuse, j'ai marché vers le corps de saint Jacques, en affirmation de ma foi. La rencontre et l'amitié des autres furent des points très forts, comme les rapports avec ces gens formidables d'abnégation et de disponibilité que sont les hospitaliers. » (Caty C., Séné.)

Malgré l'heure, et la chaleur qui doit friser les quarante degrés, nous décidons de poursuivre vers Calzadilla de la Cueza, dix-huit kilomètres plus loin, pour profiter d'un gîte moins fréquenté. Quatre heures de marche supplémentaires, dans des paysages grandioses d'aridité. À Calzadilla, nous retrouvons Roger, rencontré et perdu dans la traversée du Béarn, veillant un Espagnol victime d'une entorse, et sans doute, compte tenu de son état fébrile, d'un début d'insolation. Blessé, il est resté trop longtemps seul au bord de la route. Son pied est sérieusement enflé, ainsi que la jambe, jusqu'au genou. Phlébite ? À vingt heures, Xavier et Sébastien, deux jeunes Français, et Carmen, une Madrilène, nous rejoignent au gîte. Nuit d'orage.

« Sur ce chemin on refait sa vie. On pense à des gens, morts ou vivants, que l'on avait un peu oubliés. C'est drôle comme la mémoire se réveille et s'avive sur ce chemin, et c'est étonnant comme on devient disponible. C'est un moment privilégié pour faire le point sur soi, sur sa vie, sur son couple… Nous, c'est la rencontre d'un pèlerin, à Burgos, lors d'un voyage en Espagne, qui nous a fait partir. Je suis croyant et pratiquant, et incontestablement j'ai renforcé ma foi au cours de ce pèlerinage. La société française est moins désacralisée qu'on veut bien le dire. Il n'est que de regarder les jeunes des Journées mondiales de la jeunesse, par exemple… Oui, je repartirai vers Compostelle, mais c'est de Jérusalem que je rêve. » (Jean-Hugues C., Séné.)

Lédigos. À Terradillos de los Templaríos nous retrouvons Guillermo qui, nous reconnaissant, sort son registre de 1993, dans lequel nous relisons nos signatures. Étonnant comme je me suis attaché au souvenir de cet homme, que je revois deux ans plus tôt, dans sa bure blanche, nous attendant au bas des escaliers. Nous nous étions porté l'accolade, souhaité : *« Buen viaje, buen Camino »* en riant fort pour contrarier l'émotion, mais je crois bien que je m'étais laissé aller à quelques larmes, plus loin, le long des champs de blé. Question vingt fois posée, jamais résolue, pourquoi ce chemin, qui devrait nous faire si fort, nous fragilise-t-il autant ? Difficile aujourd'hui de refuser le déjeuner que nous propose Guillermo. Nous traînons un peu, ne sachant plus partir. Ce que nous faisons tout de même. Au moment de franchir la porte, il nous offre des oranges et deux cartes postales, appose son cachet frappé du sceau templier sur le *credencial*. Ensuite il nous tend une main tremblante, que nous refusons pour l'embrasser, après quoi, sans un mot ni nous retourner, nous quittons le gîte. Mais lui nous a devancés sur la route, en passant par le jardin, d'où il nous salue en criant :

« ¡Adios amigos ! ¡Ruegan l'Apostol para mi ! »

Nous y pensions déjà.

Rencontré un jeune cycliste parti de Bretagne vers le Portugal, et qui, ayant croisé le Camino, ne peut plus s'en défaire.

« Je devrais déjà être rentré à la maison, mais de voir ce chemin qui file devant moi, c'est trop fort, je le suis. »

L'orage nous cloue à Sahagún, où le gîte annoncé depuis des années tarde à sortir de terre. Connivence entre hôteliers et pouvoirs publics ? La chose n'aurait rien de surprenant vu le nombre de pèlerins qui s'arrêtent chaque année dans cette ville superbe. Négligées ou réduites à presque rien, quand elles ne sont pas occultées, les retombées économiques du pèlerinage ne sont certainement pas négligeables. Même modestement, un pèlerin vit entre vingt-cinq et trente-cinq jours en Espagne. Cela se traduit obligatoirement par un certain nombre d'achats de biens de consommation courante, auxquels s'ajoutent quelques souvenirs, des cartes postales, et les moyens de transports de retour. Soit, pour un coût minimum de soixante à cent francs par jour, quelques milliers de francs au final. Cette somme multipliée par les vingt mille pèlerins recensés chaque année depuis trois ans par les autorités de Compostelle donne l'ampleur économique de l'actuel phénomène jacquaire. Je passe sur les à-côtés touristiques de la démarche, la découverte de l'Espagne du Nord trop souvent négligée au profit de son voisin le Portugal, un patrimoine roman extraordinairement riche et varié, des paysages et des villages splendides, un climat agréable, et, avant toute chose pour l'ancien pèlerin, la séduction du chemin lui-même, que faute d'avoir pu partager avec les siens il leur fait souvent découvrir ensuite. Combien sont-ils à revenir ainsi chaque année ? Au moins plusieurs centaines, sinon des milliers. Dès lors, on comprend mieux pourquoi la résurrection providentielle du pèlerinage de Saint-Jacques est suivie, en Espagne comme en France, avec le plus grand intérêt par les pouvoirs publics et les particuliers installés près des chemins.

Retrouvé Xavier et Sébastien. Carmen, la jeune Espagnole qui était avec eux, est restée, victime d'une insolation, au gîte de Calzadilla où une ambulance devait venir la chercher. Égoïsme ou désinvolture, ils sont partis, la laissant seule. C'est elle qui, il y a trois jours, alors que, la voyant marcher nu-tête, je la mettais en garde, me répondit :

« Je suis espagnole, et le soleil ne me fait pas peur. »

Départ de Sahagún à six heures sous l'orage. Beaucoup de mal à descendre la ville sous les trombes d'eau qui nous obligent à nous réfugier tous les cent mètres sous les porches de maisons. Profitant d'une accalmie, nous avançons de sept kilomètres avant d'être surpris par un nouvel orage, extrêmement violent. Terrible sensation de dénuement face aux éléments qui se déchaînent. À plusieurs reprises des éclairs gigantesques zèbrent le ciel et tombent juste devant nous. Du moins nous semble-t-il, mais, sur cette plaine immensément vide, comment savoir ? Seule certitude, la peur qui nous tenaille à présent le corps et l'esprit. La peur panique qui nous fait divaguer jusqu'à la nationale où les camions, phares allumés, passent imperturbables sans qu'un seul chauffeur ne devine notre présence sur le bas-côté de la route. Résultat, chaque gerbe d'eau soulevée nous éclabousse un peu plus que la précédente : nous sommes désormais à tordre, à la grande satisfaction du ciel qui en rajoute un peu entre deux déflagrations à couper le souffle. Le danger cette fois vient de la nationale, où l'une de ces masses aveugles risque de nous heurter à tout moment. Traversée aussi périlleuse que téméraire. À la grâce de Dieu ! Jamais plus qu'aujourd'hui je n'ai compris le sens de cette phrase portée par nos confrères du Moyen Âge sur les testaments, établis le plus souvent par le curé de la paroisse lors de leur départ : « Je déclare me porter sous et à la Grâce de Dieu. »

Retour effrayant sur la Meseta, où les bourrasques nous immobilisent entre deux trombes d'eau, et des cascades d'éclairs et de tonnerre. Pensée fugace d'une mort possible, suivie d'une sorte de résignation : marcher, poursuivre le chemin qui n'en est plus un. Et pour aller où ? Enfin Gisèle aperçoit un abri de bus. Cette fois nous avons eu peur. Très peur même. Et pourtant, ni l'un ni l'autre ne récriminons. « Qui vous poussa sur ce chemin, compères, et qui vous enjoint de le continuer ? »

L'éclaircie qui suit est mise à profit pour avancer sur le Camino des rois francs, quinze kilomètres d'ordinaire redoutés pour leur fournaise. À Bercianos, la *calle mayor* est encombrée de branches d'arbres, de tuiles, de flaques d'eau et d'antennes de télé tombées des toits — dégâts que les habitants tentent de réparer à la hâte, avant l'autre orage qu'on nous désigne du doigt, là-bas. Depuis hier c'est le huitième. Il y a deux ans déjà, tout près d'ici, à El Burgo Ranero, nous avions connu semblable déboire, mais de nuit, à l'abri d'une maison, dans une chambre où d'ailleurs l'eau tombait sur les lits. Ici on connaît, l'habitude se prend vite et après tout c'est la saison qui veut cela. Un passage obligé en quelque sorte. Cela durera cinq ou six jours, peut-être moins, peut-être plus ; après, tout rentrera dans l'ordre. Il faut vivre avec le temps qui n'est, somme toute, que la volonté du ciel. Pendant le déluge on s'enferme chez soi, au café ou chez les autres, mais plus souvent chez soi où l'on peut prier à son aise. On prie, les femmes surtout, pour implorer la protection de Dieu et de tous les saints, mais aussi pour être moins seul avec sa peur.

À El Burgo Ranero, l'épicerie-boulangerie est fermée, et il ne me faut rien de moins que l'assistance d'une voisine sensible à mon statut de *peregrino francés* pour faire ouvrir la boutique. Peu aimable, l'épicière me vend pain et lait au prix du caviar, sans oublier de me montrer, au moment de franchir la porte qu'elle referme derrière moi, une statue de plâtre de l'apôtre. L'orage a réveillé les couleurs de la Meseta, le rouge est un peu plus soutenu, l'ocre et le jaune plus criards, le vert attendrissant. Tableau mosaïque, dont mes photos ne retiendront pas la beauté formelle, art éphémère, comme notre passage ici. Tout cela ne durera que le temps de l'évaporation, de la disparition des traces : quelques heures tout au plus. Ce soir, les flaques d'eau barrant le chemin ne seront que terre écaillée, et nous serons loin, ailleurs, pour toujours abolis de ce paysage.

Trente-deux kilomètres un peu rudes avant d'atteindre le *refugio* de Reliegos, où Roland, l'*hospitalero* de Roncevaux, attend, de nouveau sentinelle, et de nouveau guetteur, ses premiers pèlerins. Cela n'a l'air de rien, mais le fait de le retrouver ici, dans notre histoire, si loin de la frontière et des premiers kilomètres en Espagne, a quelque chose de très impressionnant. Émotion réciproque d'ailleurs, les mots se cherchent un peu avant de trouver leur cours normal.

« Comment cela se passe-t-il pour vous ? »

« Bien » me semble la seule réponse qui vaille et que je puisse m'autoriser. Bien en effet, puisque nous sommes ce soir à moins d'une douzaine de jours de Compostelle, et que, rodés par plus de mille kilomètres de marche, les corps traversent les distances avec une facilité étonnante.

Ce soir, après un excellent repas de spaghettis, je suis allé photographier des *motas*, cavernes creusées dans la colline, où, à partir de 1474, début du règne d'Isabelle de Castille, et jusqu'à 1492, date de leur expulsion d'Espagne, les Juifs furent condamnés à vivre. Aujourd'hui elles servent de caves, et nul ne se souvient — ou ne veut se souvenir — de leur raison d'être initiale. Pas même le patron du café, qui nous offre à boire, en jurant ses grands dieux ignorer tout de cette histoire qu'il qualifie quand même d'ancienne et de peu reluisante. Cela ne suffit pas à me faire oublier qu'un bûcher se dressa sur la place de ce village, sur lequel montèrent les quelques irréductibles ayant refusé de quitter cette terre qui fut la leur avant que l'intolérance ne proclame le contraire.

O'Cebreiro

Dimanche 2 juillet. Cela fait sept semaines que nous marchons. Compostelle semble désormais à notre portée.

« Si Dieu le veut, mes amis ! Si Dieu le veut ! N'oubliez pas que c'est lui qui décide, pas vous ! » répète Roland qui, malgré l'heure matinale, a tenu à nous accompagner un bout de chemin.

Dernières phrases, dernières confidences, des mots qui ne peuvent se prononcer qu'ici, sur cette portion de terre à jamais ancrée dans les mémoires. Nous reverrons-nous un jour ? Un kilomètre, puis deux, les pas se font moins généreux, manière comme une autre de reculer les adieux qui pourtant arrivent.

« *¡Adios, adios, compañeros ! ¡ Vayan con Dios !* »

Accolades, nous nous séparons, mais, dans cet espace sans limite, sur cette plaine immense où le regard s'affole, il faudra beaucoup de temps pour que nos silhouettes disparaissent de la vision de l'autre, gommées par la distance et l'air tremblant des premières chaleurs. Un lourd silence s'installe alors entre nous deux, les yeux brillent un peu, les mots se cherchent. Je me retourne sur le chemin désormais désert, inhabité, où même les traces de nos pas ont disparu. Sommes-nous toujours de ce monde, et le foulons-nous vraiment? Quelques lignes d'Adémar de Borros, écrivain brésilien, me reviennent en mémoire. Un homme marche sur une plage, il se retourne et relève quatre empreintes dans le sable. Les siennes, et celles de Dieu qui l'accompagne. Mais, à la suite d'un passage difficile, il n'en reste que deux. Je vois, dit-il alors à son compagnon, que dans les moments les plus pénibles de mon existence tu disparais pour me laisser seul. Mais non, lui répond Dieu, ces traces de pas sont les miennes, car alors je te portais !

Roland doit être de retour au gîte où il attendra, patiemment, que des silhouettes surgissent vers l'est du fin fond de la Meseta. Au-delà du temps et des distances, je marche désormais avec lui et l'image du pèlerin qu'il incarne, un être en quête d'absolu, dont la démarche jacquaire lui permet d'approcher le Christ, un passant qui chante :

Si mon chemin montait là-haut sur les nuages,
Si mon chemin montait tout là-haut dans le ciel,
Mon Dieu serait-ce alors besoin de tant de peines ?

Surgies du vide comme une île sur la mer, les murailles wisigothes de Mansillas de las Mulas se distinguent à près de dix kilomètres. Dans une heure, les arbres apparaîtront, puis enfin les clochers des églises, les toits de la ville. Manier dit que « c'est une ville de peu de choses, dont les murs ne sont faits que de terre jaune, hauts, élevés ». C'est dans cette ville qu'il découvre l'existence des poivrons, « qui donnent un goût charmant à la soupe ». Aimery Picaud, lui, ne dit rien de cette cité mais se plaint — est-ce dans cet endroit de Castille ? — de l'absence de bois et d'un peuplement de gens méchants et vicieux. Quant à Domenico Laffi, il dort dans les auberges de rencontre à même le sol, comme ses hôtes, et découvrira sur son chemin des loups en train de dévorer le cadavre d'un pèlerin. Quoi qu'il en soit, Las Mulas marque la fin de la traversée — symbolique — du désert, l'abandon des peurs ancestrales — et si fascinantes — du vide supposé de l'espace.

« Mes plus grandes peurs sont liées à la Meseta où je me suis perdue à trois reprises. Je marchais seule, et les repères n'étaient sans doute pas si évidents qu'on veut bien le dire. Bref, trois fois j'ai été remise sur le chemin. Par les paysans d'un hameau où je suis arrivée un soir, exténuée, et à je ne sais combien de kilomètres du Camino. Une autre fois par la Guardia civil, et enfin par un pèlerin qui m'a appelée de loin. J'ai eu très peur, et aujourd'hui encore le fait d'en parler me donne la chair de poule. » (Pèlerine anonyme rencontrée à Compostelle.)

« ¡No peregrino aqui ! »

Pas de pèlerin ici ! Pourquoi, puisqu'en 1993 nous avons logé chez lui ?

« ¿Porque ? »

Parce que ! Parce que quoi ? Mystère.

Ville admirable, haut lieu du chemin, León considérerait-elle les pèlerins comme denrée négligeable ? Oublierait-elle ce qu'elle leur doit, sa dette envers ce Camino qui la fit capitale de province, dotée à ce titre d'incomparables œuvres d'art ? La consultation d'un quotidien m'incite à le croire, puisque j'y lis qu'une partie du conseil municipal vient de s'opposer à la construction d'un *refugio*, ce refuge dont mon guide de 1992 annonçait l'ouverture comme imminente ! Cette fois le refus est motivé : les pèlerins peuvent représenter un danger potentiel pour la population. ! Je m'en doutais. À croire que les centaines de milliers, voire les millions de jacques qui s'arrêtèrent ici entre le xe et le xive siècle étaient tous gens de bonne compagnie, policés et respectueux du bien des autres. L'un des conseillers municipaux insinue même que les incendies de la forêt des Montes de Oca pourraient être imputables aux pèlerins. Enfin l'argument choc, vieux comme l'intolérance et le rejet de l'autre mais toujours en service : sous prétexte de se rendre dans un lieu saint, les *peregrinos* sont accusés de mener une vie dissolue avec des femmes de rencontre (?). Sur le coup cela m'a amusé et j'en ai ri, mais avec le recul je mesure à quel point les choses évoluent vite, et sous un angle guère favorable pour nous. Xénophobie ? Racisme ordinaire appliqué aux jacquets ? Conséquence de quelques comportements délictueux ? Peut-être, mais qu'une ville de l'importance de León en soit rendue à de telles extrémités, avec une municipalité de droite et un clergé pléthorique et puissant, a de quoi faire réfléchir.

Et si le renouveau du pèlerinage auquel nous assistons annonçait son prochain déclin ? Et si nous assistions béats au « mieux de la mort » ? Personnellement je ne le crois pas. Même si une régression est envisageable au cours de la première décennie du troisième millénaire, j'ai du mal à envisager une léthargie durable pour cette voie royale, ne serait-ce qu'en raison de la fascination qu'elle exerce depuis si longtemps sur l'humanité. Il n'en reste pas moins vrai qu'une crise s'annonce, prévisible, presque programmée, contenue dans le succès actuel de la marche vers Compostelle, qui sous couvert de coquille permet de faire tout et n'importe quoi. Et nous n'avons sans doute pas vu le pire. Je le dis, d'autres également, et non des moindres. Ainsi le père Javier Navarro, sous-prieur du monastère de Roncevaux, a-t-il déclaré au journaliste Jérôme Cordelier * :

« Tout phénomène qui se massifie se dégrade, se

* *Le Point*, 11 juillet 1998.

dénature. Le chemin de Saint-Jacques peut devenir un carnaval itinérant. Quand on voit ce qu'écrit ce Paulo Coelho, et que des milliers de personnes le suivent… Quand on pense que certains, lors de la dernière année sainte, projetaient d'installer, à l'approche de Saint-Jacques, des distributeurs de Coca-Cola tous les cinq kilomètres ! »

Soirée passée au restaurant avec Roger, pèlerin français rencontré à quelques reprises au hasard du Camino. Parti le lendemain de sa retraite de Vézelay « pour tourner la page », il a rejoint Le Puy, afin d'emprunter la Via Podiensis. Mauvaise préparation ? Fatigue ? Dérèglement physiologique ? Au bout de quelques jours de marche, il cessa de s'alimenter, ou presque, jusqu'à maigrir de douze kilos. Anémie, faiblesse, perte de la notion du temps, il atteint Le Puy dans une sorte d'état second.

« Par moments, mais de plus en plus souvent, je marchais en dormant. C'est ma femme, venue me rejoindre au Puy, qui m'a sauvé du pire. Je ne m'apercevais de rien, sinon de ce besoin permanent de sommeil. »

Villadangos del Paramo, Hospital de Orbigo, Astorga : partout de nouveaux gîtes se construisent ou sont prévus pour l'année sainte qui s'annonce sur de grands panneaux de type publicitaire. Qu'est-ce que cela veut dire ?

« L'organisation à laquelle j'ai participé en tant qu'hospitalier représente une certaine déviance du pèlerinage, de l'esprit du pèlerinage, surtout. Il faut voir la qualité des refuges qui se construisent aujourd'hui. C'est peut-être nécessaire, mais cela pose quand même question. Moins sur le financement, qui ne me regarde pas et dont je me fous bien, que sur l'image que les décideurs se font du pèlerin. Pour huit lits tu as deux douches, deux toilettes… Un confort que les villageois n'ont pas chez eux. Est-ce que cela ne va pas dénaturer ce chemin de solitude et de dépouillement ? Il ne faudrait pas que les *refugios* deviennent des relais pour groupes trop organisés. Déjà, on rencontre de plus en plus de *coches de apoyo** et de ce fait certains arrivent à l'*albergue* sans trop de soucis. Cela dit, en tant qu'ancien pèlerin je suis très heureux d'avoir été hospitalier. » (Marc E., Acigné.)

« Moi, je n'aurais jamais dû aller à Compostelle. Ce chemin, je n'y pensais même pas. Je ne suis pas croyante, ou plus exactement plus pratiquante. Elle m'énerve, l'Église, le pape aussi, je trouve tout cela dépassé. Pourquoi je suis partie ? Nous étions trois amies, très proches, un peu des sœurs, malgré l'éloignement géographique dans lequel nous vivions. L'une d'entre nous, vivant en Charente, pas très loin du chemin de Saint-Jacques, est morte à quarante ans. Elle parlait toujours de Compostelle où, disait-elle, elle irait un jour. À la sortie de l'église où l'on venait de célébrer ses obsèques, trois pèlerins se tenaient devant le porche. Imaginez le choc ! Des pèlerins allemands, dont l'un parlait parfaitement le français. Je lui ai expliqué. Il m'a promis d'allumer un cierge pour notre amie dans la cathédrale de Compostelle, geste qu'il m'a confirmé plus tard par lettre. Troublée par ces faits, je me suis mise en route à mon tour, moi qui, trois ans plus tôt, ne savais même pas trop situer Compostelle sur une carte. » (Pèlerine anonyme rencontrée à Conques en août 1997.)

El Ganso. Nuit au gîte de la Confraternity Saint James de Rabanal del Camino, d'où nous partons,

* Véhicules d'accompagnement transportant les sacs des pèlerins.

dans un brouillard épais et froid, vers la Cruz de Ferro. Hier soir, les conversations tournaient autour des loups qui peuplent la région. Quelques-uns auraient été aperçus du côté de Foncebadón que nous traversons ce matin, frigorifiés, escortés par le sifflement du vent dans les ruines.

« J'ai rencontré la neige plus bas que Foncebadón. À la Cruz de Ferro, il y avait vingt centimètres de neige fraîche. Des militaires de la caserne voisine, roulant en jeep, se sont arrêtés pour me demander si tout allait bien. Malgré la neige et surtout un vent très violent, tout allait bien. La neige ne me pose pas problème. Je suis savoyard, et habitué à la montagne. Ce qui était le plus gênant, c'était la brièveté du jour, la nuit s'annonçant souvent à cinq heures du soir, parfois même plus tôt en cas de temps couvert. Le reste, rien à dire.

« Pourquoi je suis parti ? Il me semble qu'il est plus difficile de répondre à cette question que de faire le chemin. Pourquoi ? Parce que je suis parti en retraite un vendredi soir, et que je n'ai pas voulu me retrouver chez moi le lundi matin. Je pourrais tout aussi bien te dire que c'était pour rendre grâce de la chance que j'avais d'arriver à l'âge de la retraite en bonne forme, tant de collègues n'ayant pas eu cette chance. Mais rendre grâce à qui ? Élevé dans la religion catholique, je ne suis guère pratiquant. Mon Église à moi est plus intérieure. Depuis un certain nombre d'années, je lisais des ouvrages sur le Moyen Âge, période impressionnante de l'histoire. Compostelle s'est imposé comme cela. Je suis parti seul du Puy le 12 octobre 1992, et je suis arrivé à Santiago deux mois plus tard, le 13 décembre. Sur la totalité de mon chemin je n'ai pas rencontré vingt personnes. Vingt marcheurs, je veux dire. Je n'ai jamais eu peur, sauf des chiens. En France, essentiellement.

« Compostelle on y part avec des idées, celle du

randonneur qui devient pèlerin, notamment. Note que c'est un peu vrai. Moi, tu vois, je ne suis jamais allé dans des communautés religieuses pouvant m'héberger. Ce n'était pas dans mon projet, je ne ressentais pas ce besoin dans ma démarche. Aujourd'hui, si je devais repartir, j'irais volontiers. Il y a donc eu une évolution au cours de mon cheminement. Il faut dire qu'il y a des moments particulièrement forts sur ce chemin. Les bénédictions à Conques et Roncevaux. Même si tu n'es pas très en phase avec l'Église, tu y penses beaucoup après, cela t'aide à marcher. Tu te sens soutenu. L'équipement actuel du chemin était inéluctable. On dit que l'Espagne est suréquipée. Et alors ? Au Moyen Âge c'était déjà le cas : il faut voir le travail de Cluny sur le Camino ! À mes yeux c'est nécessaire, même si le suréquipement se traduit par plus de monde sur le chemin, il faut l'accepter. Au XIIIe siècle c'était bien pire. Le problème n'est pas dans la foule supposée, il est dans le fait que tout le monde part ensemble, et en été. Alors si tu marches avec pour seule idée celle de ton hébergement du soir, tu fais l'impasse sur beaucoup de choses, et c'est dommage. D'un autre côté, c'est vrai qu'il y a des gens qui confondent pèlerinage et vacances. Et alors ? Quel pourcentage ? Cela ne me gêne pas.

« En fait, déclaré ou pas, il y a toujours un aspect spirituel dans cette démarche. Je n'ai pas dit Église ou religion : spiritualité. Cela se sent très bien d'ailleurs en France où l'on assiste à un début de réponse, par des laïcs ou des religieux, à l'attente de ce que j'appellerai les nouveaux pèlerins. Il y a là des efforts d'accueil, je pense à certaines communautés. L'accueil ne consiste pas dans un lit et un repas, mais dans une parole, une écoute, une cérémonie, voire une bénédiction. Même si l'on n'y croit pas, on se trouve dans une symbolique forte. Et c'est cela l'essentiel. En Espagne, la situation est différente. C'est le nombre de pèlerins qui doit s'y opposer, sans doute. Roncevaux, l'un des hauts lieux du chemin, n'est plus ce qu'il était, bien que, personnellement, étant seul dans le gîte ce soir-là, j'ai reçu un accueil très chaleureux du père Navarro. Cela dit, je ne suis pas certain qu'il faille une réglementation. Le chemin est par définition symbole de liberté. D'ailleurs nous ne sommes plus au Moyen Âge, et l'Église serait bien incapable de faire appliquer un quelconque règlement. Déjà qu'elle récupère indirectement, et peut-être contre son gré, un phénomène qu'elle n'a pas vu venir, comment veux-tu qu'elle agisse efficacement ? L'Église prend le train en marche, tant pis, tant mieux… Actuellement, et bien que la situation évolue, je ne sens aucune volonté hiérarchique définie, ce sont des individualités qui tentent de faire quelque chose, et réussissent. Pas l'Église en tant que telle. Conques, Estaing, Saint-Palais, Navarrenx et d'autres, rien que des individualités, mais pas de vagues de fond. C'est peut-être mieux ainsi, le chemin de Saint-Jacques, en plus d'être un chemin de tolérance, est le chemin de tous. Depuis mon retour je m'occupe d'une association jacquaire et de l'ouverture du chemin reliant Genève au Puy-en-Velay *. Cela m'apporte beaucoup de rencontres et beaucoup d'amis, m'ouvre des horizons passionnants, insoupçonnés. » (Henri J., Annecy.)

Descente vers Monjardín, dont nous apercevons à peine les ruines. Pensée pour les générations de paysans qui, comme à Foncebadón, sur l'autre versant de la montagne, vécurent ici, enracinés dans cette terre stérile, condamnés dès la naissance par un

* Guide de ce chemin disponible à l'Association Rhône-Alpes des amis de Saint-Jacques, 35, rue Sainte-Hélène, 69002 Lyon.

climat sans concession, sans autre espoir que de louer leurs bras aux propriétaires terriens de la vallée, ou en Castille pour les plus aventureux.

Retrouvé Xavier et Sébastien à El Acebo. Leur compagne du jour — ou de la semaine — est hollandaise et s'appelle Mariecke.

« Heureusement qu'il y a des femmes sur ce chemin. Marcher si longtemps, et dans ces conditions, entre hommes serait vite insupportable. Le plus souvent ce sont de redoutables marcheuses, et puis elles apportent, je ne sais pas moi, une sorte de bien-être, de fraîcheur. Il y a des moments où tu te dis ça va péter, exploser, j'en ai marre, j'envoie tout balader, plutôt crever que de continuer, et elles, elles désamorcent la bombe, tu vois, sans rien dire, par leur seule présence. Il y a des fois, je les compare à la Vierge. Quand j'en vois une arriver je me dis : Tiens, voilà Marie, ça va aller mieux. »

Aujourd'hui, trente pour cent des pèlerins recensés à Roncevaux sont de sexe féminin. À mesure que nous approchons de Compostelle, le chassé-croisé de nos rencontres s'effiloche. Que sont devenus Ruth et Anno ? Selon « radio chemin », ils auraient abandonné, ou se seraient arrêtés plusieurs jours à la suite d'une étape trop longue. Difficile de croire qu'ils aient renoncé à ce projet qui leur tenait tant à cœur. Seuls les quatre Normands, et Roger, apparaissent de loin en loin sur le Camino pour disparaître dès le lendemain, à la première pause, escamotés par une haie, un champ de céréales ou la porte ouverte d'un bar.

À El Acebo nous attaquons la longue descente qui nous conduira à Ponferrada, via le beau village de Molinaseca.

« Je suis parti du Puy-en-Velay le 6 mai 1996 pour marquer mon départ à la retraite. Ce n'était pas une démarche religieuse, ni même spirituelle, plutôt une curiosité culturelle. En France, mes grands moments furent la traversée de l'Aubrac, Conques, Moissac, et le petit village de Saint-Antoine. Lorsque j'y suis entré, j'ai été tellement ému que je me suis mis à trembler. Je ne sais pas pourquoi. Navarrenx et le père Ihidoy furent aussi de grandes rencontres. Et puis l'Espagne, la gentillesse des gens, sauf à Roncevaux où, arrivé trempé, j'ai dû attendre deux heures avant qu'on m'ouvre une porte ! Très mauvais accueil. Ensuite ce fut la Meseta, très impressionnante, et puis le drame, à Molinaseca...

« Je faisais quelques provisions dans le village, quand des gens, des femmes surtout, sont venus vers moi : "Va à la Guardia civil !" Là on m'a dit de téléphoner en France. J'ai appris le décès accidentel de mon fils. Il fallait que je rentre d'urgence chez moi. C'était un vendredi et je n'avais pas assez d'argent. Spontanément, des pèlerins avec qui j'avais marché m'ont avancé le prix de l'avion. Un chauffeur de taxi de Ponferrada est venu me chercher, m'a emmené chez lui où sa femme m'a préparé du café, un sandwich, et lui m'a conduit à Madrid, à quatre cents kilomètres de là. Tu te rends compte ! Sans être payé : je n'avais rien. "Ne te tracasse pas avec l'argent, disait-il, tu es pèlerin, ça me suffit, tu me rembourseras plus tard." Et moi, j'étais perdu, dans un état — tu devines —, et ces gens autour de moi qui prenaient part à ma peine. À l'aéroport de Madrid, je perds ma sacoche avec mes papiers ! Je m'affole ! Un homme s'approche et me dit qu'il vient de la remettre à la Guardia civil : "Venez avec moi." Il m'emmène. Je retrouve ma sacoche. C'était un Chilien de Santiago du Chili... Santiago ! C'était peut-être un signe. Sur le chemin, j'allais de plus en plus souvent dans les églises. Je m'y sentais bien. J'y réfléchissais, je retrouvais la foi de mon enfance. Et puis la mort de mon fils, alors que j'étais sur le

Camino. Alors, après, tu comprends, non. » (Christian C., Acigné.)

« Je n'avais pas pu accompagner Christian, mais j'étais très heureuse de le savoir sur ce chemin, j'espérais qu'il y retrouverait sa foi. Il m'écrivait, téléphonait, je voyais bien que vers la fin il réfléchissait à ces choses. Et puis le drame de notre fils ! Tout de suite j'ai pensé que nous finirions ce pèlerinage ensemble. Qu'il fallait le faire. C'est ce que j'ai dit à Christian en allant le chercher à la gare. L'année suivante, nous sommes repartis tous les deux de Molinaseca. J'ai trouvé le chemin assez dur, mais très beau. Je me sentais bien. Très très bien, même. Apaisée. En arrivant à Compostelle, j'ai fait dire une intention particulière à la messe, pour la mémoire de mon fils. Pour moi, sur ce chemin, il y a quelque chose d'indéfinissable. Ce n'est pas un chemin ordinaire. Il s'y passe des choses. Ne serait-ce que dans la rencontre des autres. L'égalité sociale de tous, cette façon d'être solidaires, fraternels. J'ai trouvé là, et Christian encore plus que moi l'année précédente, des choses que l'on ne trouve nulle part ailleurs. Maintenant, que le corps de l'apôtre soit là-bas, peut-être, moi qui suis croyante, j'en doute un peu, mais il y a quelque chose… Surtout sur le chemin lui-même. On l'appelle comme on veut, mais j'ai souvent eu l'impression de marcher vers quelque chose qui me dépassait. » (Yvette C., Acigné.)

Chemin pierreux, chemin de vent et de poussière, chemin de traces. Lorsqu'un sentier se compare à un animal, c'est l'image du serpent qui s'impose. Erreur : sinon quelques ondulations obligées, rien ici ne rappelle le reptile. C'est plutôt aux félins que celui-ci me fait penser. Tour à tour lynx ou panthère en Navarre, il est puma en Castille, mais guépard dans la Meseta, et, royauté oblige, lion sur la totalité du parcours. Encore que, c'est au loup qu'ici le Camino s'apparente le mieux. Le loup rebelle et fascinant, objet de conversations animées entre ceux qui pensent en avoir vu un rôder au large d'un troupeau de moutons, et les autres qui n'y croient pas. Le loup mythique, sacré et sacralisé, déifié, peut-être par des siècles d'inconscient — comme ce chemin qui devant moi jappe ou cabriole, mord ou griffe, selon les heures.

Ponferrada. À une vingtaine de kilomètres au sud de la ville, dans la vallée dite du Silence en souvenir des ermites qui s'y réfugièrent du ve au XIIIe siècle, passe l'un des anciens itinéraires du Camino Primitivo. Celui-ci rejoignait Monforte de Lemos en Galice, franchissant le Río Minio à San Esteban de Savinao, c'est-à-dire très en dessous de l'actuel tracé du Camino Francés. Mais ce chemin s'arrêtait surtout à Penalba de Santiago, village dont le souvenir s'est effacé de la mémoire des jacquets. À part quelques pèlerins sportifs, ou soucieux de renouer les fils perdus de l'épopée jacquaire — soit moins d'une demi-douzaine par an —, bien peu de curieux quittent aujourd'hui la cohorte pour se risquer dans ces montagnes, assez inhospitalières il est vrai. Dommage, car ce village est très beau et réserve d'heureuses surprises. La tradition veut que ce soient des Maures, « oubliés » lors du retrait arabe du Bierzo, qui aient fondé Penalba. Des soldats, donc, devenus par la force des choses paysans et mudéjars, et qui bien entendu firent souche. L'histoire n'aurait rien d'étonnant, d'autres exemples de garnisons abandonnées au fond de vallées profondes existent. Ne serait-ce que les mystérieux Maragatos des environs d'Astorga. Ici des traces demeurent, inscrites dans la pierre du petit monastère construit au xe siècle, dont il ne reste que l'église de pur style mozarabe, avec arcs outrepassés, nef unique à deux absides, compromis entre l'église et la mosquée, avec un zeste de synagogue. Mais le souvenir le plus émouvant de ce village est sans conteste celui d'Estéban Fortis, pèlerin français du XIe siècle qui, au retour de Compostelle, décida de finir sa vie en ces lieux. Quinze ans plus tard, il fut inhumé devant la porte de l'église, sa pierre tombale servant de marche. Aujourd'hui, cette dalle est appuyée contre un mur du sanctuaire, usée par les pas, mais néanmoins lisible.

« Errer. Écrire. Partir. Voyager ensemble dans la différence, dans la rencontre. Dialogue vivifiant de l'ailleurs et de l'ici, du large et des racines. Exploration / Imploration. Partage de la route qui est route de partage… Sans avoir béni bâton ni coquille, nous nous mettons en route *. »

Celui qui écrit ces lignes n'est pas parti. Il est, dit-il, « resté à quai », alors que ses amis se mettaient en chemin vers Vézelay et Compostelle. Cette défection donna naissance à une correspondance, dont naquit un livre qui relate avec acuité le quotidien du pèlerinage. Question : le voyage doit-il obligatoirement s'accomplir pour être crédible ? Combien de récits imaginaires, d'expéditions totalement inventées se révèlent plus vivants que la chronologie de certains carnets de route ? Reste à savoir jusqu'où, relatant un voyage, on lui reste fidèle. La parole enjolive facilement des faits que l'écrit travestit. Rentré chez lui, le voyageur en rajoute-t-il un peu qu'il est aussitôt pardonné par son auditoire conquis d'avance par celui « qui sait parce qu'il a vu. » Ainsi vont les choses, et le mentir vrai du souvenir n'a pas fini de fasciner son monde.

Que dirais-je de ce voyage si je devais, demain, le

* Gilbert Mosser et Albert Strickler, *Mon cœur est une étoile*, auto-édition, 1, rue de la Chaîne, 67140 Andlau.

rapporter à d'autres ? Où commencerait l'exagération, la trahison, ou le mensonge ? Combien de fois occulterais-je mes défaillances, avant de les avouer, en vrac, au détour d'une phrase ? Manier exagère souvent ce qu'il rapporte, Laffi également. Le premier, émerveillé de ce qu'il découvre, se laisse aller, enjolive ce qu'il voit. Le second assombrit, peut-être, ce que l'autre transcende, au point de sembler tenir parfois, entre loups, tempête de sable, invasion de criquets et morts violentes, l'inventaire des fléaux réservés aux pèlerins de Compostelle. Tous les deux se trompent, en consignant un voyage qui, à l'image de ce chemin où je me perds chaque jour un peu plus, ne peut en aucun cas se comparer à d'autres.

« Le pèlerin ne peut pas compter excessivement sur sa propre histoire puisqu'elle est, par principe et d'autorité divine, toujours la même. Il ne s'agit pas d'une expérience collective. Mais le pèlerin, en foule ou isolé, découvre la singularité exceptionnelle d'une histoire commune. Porter la croix ou la coquille signifie reconnaître le choix particulier de Dieu sur sa propre destinée. Il ne s'agit pas ici de fusion ni d'identification à un modèle, mais de réception et de communion. Cela explique le silence des pèlerins après le pèlerinage. Il ne peut y avoir de désir ni raison de dire l'indicible, le personnel, c'est-à-dire le vécu le plus intime *. »

« Le plus difficile n'est pas de faire partager, c'est impossible, mais d'expliquer que sur ce chemin tu te trouves dans un dépouillement absolu. Même si c'est un grand mot, tu n'y échappes pas. C'est quoi l'argent sur le Camino ? Il en faut un peu, bien entendu, mais à quoi te sert ton compte en banque si tu ne peux mettre un pied devant l'autre ? Tu fais vite le tour des choses et cela joue, ensuite, sur ton

* Alphonse Dupront, *op. cit.*

comportement et ta personnalité. C'est cela qui est difficile à expliquer. C'est en cela que je ne peux considérer la marche vers Compostelle comme un voyage. » (Louis J., Sévrier.)

Cacabelos. La *bodega* où nous nous étions arrêtés en 1993 pour boire de l'excellent vin est fermée. En fait il s'agit, comme un panneau l'indique, d'un ancien hôpital de pèlerins, ou plus exactement d'une léproserie — Saint-Lazare — destinée aux jacquets.

Rencontré trois Françaises, des Parisiennes parties de León. Curieuses, elles visitent beaucoup, et intelligemment, les monuments qui balisent ce chemin. Démarche moins courante qu'on ne le croit généralement. Faute de temps ou de disponibilité, beaucoup de pèlerins font l'impasse sur les visites de lieux indispensables à la compréhension de cette histoire un peu folle dans laquelle, pourtant, ils ont décidé de s'inclure. Le Bierzo est une région magnifique, où les gens rencontrés, souvent des vignerons dans leurs vignes, se montrent très chaleureux. Parfois ils offrent à boire du vin, très fruité mais qui a le tort de titrer dans les douze ou treize degrés. Il faut alors ruser, accepter le verre et s'inventer une raison pour ne pas le boire en entier. La chaleur ne permettant pas de telles fantaisies.

Ce matin un couple nous a arrêtés pour nous montrer, accrochés au rétroviseur intérieur de leur voiture, une foultitude de médailles et portraits de saint Jacques. Ensuite ils ont tenu à nous donner de l'eau. Comme nos gourdes étaient pleines, la femme a cherché dans son sac ce qu'elle pourrait nous offrir, avant de s'excuser. En fait, sans le dire, tout en le montrant, elle voulait que l'on prie pour elle — ou que l'on mette un cierge — dans la cathédrale de Compostelle. Intercession avortée puisqu'en échange elle ne pouvait rien donner. Comprenant ce qui venait de se passer, je suis revenu sur mes pas pour la rassurer.

Bien sûr qu'elle serait avec nous là-bas, et qu'elle aurait son intention ! Elle a ri, et lui a ôté sa casquette, en remerciement muet. À combien de pèlerins confient-ils chaque jour ce genre de mission ?

« C'est la septième fois que je fais ce chemin. Professeur d'espagnol, je suis très hispanophile. Je me sens bien ici, en Espagne, sur ce chemin. Cela aurait pu être la route de Don Quichotte, ou celle du Cid, mais en 1984 ce fut saint Jacques, et depuis je n'en sors plus. Je l'aime bien, ce chemin, parce que sans être très difficile il est rude, et j'aime bien ce qui me mène au bout de moi-même, ce qui est rude. J'ai aimé travailler la terre chez mes parents, le travail physique, et la bonne fatigue qui va avec. J'ai toujours aimé ces longues journées rudes que je retrouve ici, sur le chemin. Par contre, c'est celui-là et pas un autre. Le tour du mont Blanc ne m'intéresse pas. Il y a ici une sorte d'émotion dont je ne sais pas si elle est religieuse. Saint Jacques, je n'y crois pas, mais qu'il soit ou non à Compostelle n'a pas d'importance, c'est comme s'il y était. Et s'il n'y est pas, ce n'est pas grave puisque l'idée qu'il y est fait du bien à certains. Je ne pratique plus régulièrement, mais je vais à la messe à Compostelle où je communie. Parce que c'est le point ultime de ma démarche, et qu'il y a de l'émotion entre nous. Je ne fais d'ailleurs ni un pèlerinage ni une randonnée. Je fais le Camino. C'est autre chose. En France je ne connais que le trajet du Puy à Conques. Il faudra que je fasse la totalité, mais c'est l'Espagne qui m'intéresse.

« Le chemin est une démarche solitaire, tu pars, bon. Je crois que mes parents sont contents de me savoir sur le chemin, mais, en bons Bretons, ces choses-là ne se disent pas. On n'exprime pas ses sentiments. Avec mes amis et collègues, je n'en parle pas beaucoup pour ne pas les lasser. Parfois, avant mon départ, certains me confient des intentions pour l'un des leurs. Des malades le plus souvent. Ils savent donc. En 1984 nous n'étions pas dix sur le chemin. Personne ! Ça me plaisait bien. Aujourd'hui il y a foule. Ça me plaît bien aussi. Ce qui me fait le plus peur, ce sont certains groupes de jeunes, surtout français, que je sens un peu endoctrinés par la religion. J'en ai vu prier à minuit sous la conduite d'un prêtre. À minuit, c'est l'heure où sur le Camino il est plus que temps de dormir. La prière, tu as suffisamment d'occasions le jour.

« Pour moi le chemin est synonyme de liberté, de voir, d'être et de penser. Moi je crains un peu pour l'année sainte. Attention à la récupération et à l'intégrisme ! La vraie prière elle est dans la rencontre des autres et du pays, pas dans l'ordre et la contrainte. Tu pries quand tu veux, si tu veux, avec qui tu veux. Et pourquoi pas seul ? Trop de temps organisés, temps de silence, temps de prière, temps de ceci ou de cela, vont contre l'esprit de liberté du Camino. Enfin, il faut peut-être qu'il en soit ainsi, c'est quand même un chemin religieux. Ce que les Français ont du mal à comprendre, c'est qu'en Espagne la religion est populaire, une religion avec laquelle chacun s'arrange, fait ce qu'il veut, de façon parfois excessive, démonstrative, mais populaire, vivante, gaie. » (Rose F., Saint-Pol-de-Léon.)

Villafranca del Bierzo. Dans la descente vers le village, la carcasse d'un vélo sur un socle de béton signale la mort récente d'un cycliste. Retrouvé avec beaucoup de plaisir Jesus Jató, rencontré en septembre dernier sur le Camino Aragonése, à San Juan de la Peña, sous un orage démentiel. Je le revois, trempé, dégoulinant, cherchant, dans un ciel d'encre, la Voie lactée conduisant à Saint-Jacques-de-Compostelle ! Scène surréaliste, moments complètement fous, déraisonnables, comme nous n'en vivons pas assez souvent. Je me souviens de l'entendre répéter, malheureux comme une pierre : « Et pourtant elle est là, plein ouest, au-dessus de nous » en traçant vers les cieux des signes de la main.

Gorges du Valcarce. Trabadelo. Rencontré un jeune Français parti de Vézelay, vingt-trois ans, diplômé d'une école d'ingénieur, désireux d'aller à Compostelle avant d'entrer dans la vie active.

« Après je n'en aurai plus le temps, ni sans doute le désir. Pourquoi ? Je ne sais pas. En tout cas pas pour une démarche religieuse. Quelles qu'elles soient, les Églises m'indiffèrent. Je suis là pour réfléchir, peut-être ? »

Réversibilité du recours compostellan comme temps de réflexion personnelle. Si un nombre important de postulants à ce « monastère à ciel ouvert » que peut être le chemin se mettent en marche à l'heure de la retraite, il s'en trouvent quelques-uns pour préférer l'anticipation. Ceux-là sont forcément jeunes, neufs face à la vie, sans obligations, et n'ont de rendez-vous qu'avec eux-mêmes. Du moins le disent-ils, mais derrière les mots, passé deux ou trois formules réductrices, une autre vérité — la vérité ? — a parfois bien du mal à se dissimuler. Celui-ci se dit surpris d'être si près de Compostelle, qu'il ne semble guère pressé d'atteindre. Parle de revenir à pied. Tous les chemins du monde tutoient plus ou moins la fugue.

Franchissements du Cebreiro, de l'Alto de San Roque, suivi de l'Alto do Poïo. Trois cols de treize cents mètres d'altitude ouvrant l'accès à la Galice, terre de l'apôtre, où, symboliquement, le vieil homme immolé dans la Meseta ressuscite. Très court arrêt dans l'admirable et si touchante église de O'Cebreiro. Quant au village, hélas ! il sombre chaque année davantage dans le mercantilisme le plus débridé. Jusqu'où ce haut lieu de l'histoire jacobite sera-t-il abandonné au règne du mauvais goût le plus absolu et de l'argent ? Que dire de cette touriste française déclarant se trouver là « pour voir passer des pèlerins » comme ailleurs on attend le Tour de France, ou les troupeaux de transhumance ! J'ai honte pour tous ceux qui sont venus ici, illuminés au seul nom de O'Cebreiro. Pour ceux qui y sont morts aussi, puisque c'est, après le secteur de Castrojeriz, dans ces montagnes que l'on mourut le plus.

« Pour moi, Compostelle, c'est presque une histoire de famille. Mes grands-parents maternels étaient basques. L'un des frères de ma grand-mère, prêtre et professeur d'espagnol, m'a appris la langue. C'est lui qui m'a le premier parlé de Compostelle. J'avais quinze-seize ans. C'est après sa mort que j'y suis allé, un peu en hommage, par reconnaissance, en 1987. J'avais vingt-trois ans. Pourquoi ce chemin plutôt qu'un autre ? Je n'en sais rien. Peut-être que c'est au chemin lui-même qu'il faudrait le demander. Car c'est lui qui attire les gens, finalement. Il attire, voilà. C'est tout. Enfin, au départ, c'est tout, mais après ça se complique, et là, c'est difficile de dire pourquoi. Moi je suis chrétien, oui, imprégné dès l'enfance de religion auprès d'une grand-mère basque très croyante, et d'un grand-oncle prêtre de surcroît. Je crois en Dieu, bien sûr, mais ça ne m'empêche pas de dire que saint Jacques c'est d'abord le chemin. Et l'apôtre, je vais te dire, je ne l'ai pas ménagé. Je me suis engueulé avec lui. Bien entendu, il ne me répondait pas, mais qu'est-ce que je lui ai passé lorsque j'en bavais. Ça me faisait du bien, et j'oubliais le reste, les kilomètres et la chaleur, le fait que j'aurais pu être chez moi ou à jouer du biniou dans une fête au lieu de traîner de la sorte… Je suis reparti en 1996, parce que j'avais promis de retourner. Je suis parti de chez moi, avec un âne parce que j'avais peur du poids. C'est ça qui tue le pèlerin, le poids. Aller à Compostelle avec un animal, surtout un âne, fait que les gens t'accueillent différemment. On t'accorde une sorte de statut. Tu peux arriver n'importe où, n'importe quand, tu es reçu. Souvent les gens s'inquiètent de savoir si l'âne a soif, s'il veut boire, avant le bonhomme… Compostelle, je vais te dire, c'est une drôle d'histoire, sur un drôle de chemin ! » (Ronan P., Riec-sur-Belon.)

Triacastela. Que sont devenus les trois châteaux qui barraient cette vallée, et dont la ville tira son nom ? Disparus, désintégrés au vent de l'histoire. Pas de ruines, plus d'autres traces que les écrits, et trois tours stylisées dans les armes de la ville. San Xill, Calvor, Sarriá. Portomarín. Chemins creux, châtaigniers, champs bordés de palis de schiste, la Galice nous parle de chez nous, de cette Bretagne des environs de Redon à laquelle, bien que plus accidenté, le paysage fait penser. Le retour, cette autre façon d'effacer les traces, serait-il en train de poser ses premiers jalons dans nos têtes, alors que nous sommes à une centaine de kilomètres du but ?

Cent kilomètres. Trois jours de marche, ou plutôt quatre, afin de ne pas brusquer le corps dans sa décélération, pour accorder encore une once de rêve à l'esprit dans sa fuite vers cet ouest mythique où un jour prochain, c'est promis, nous ressusciterons.

« D'autres grandes religions extra-méditerranéennes privilégient l'occident de la mythique paradisiaque, cette mythique qui fait du royaume des morts une demeure d'immortalité. Ainsi que dans le bouddhisme mahaniste, le bouddha Amithaba attend à l'ouest les âmes des défunts après leur mort ; or il est le bouddha de la lumière infinie. Comme si le rendez-vous des âmes à l'ouest était entré dans la lumière éternelle. Atteindre avec le soleil la dernière extrémité de l'occident, c'est indissolublement lier au cours astral le destin humain et à la fois mourir, la plénitude de la vie accomplie, et comme le soleil ressusciter. Aussi la mythologie celtique établit-elle, au-delà du couchant, dans la zone de ténèbres, où le soleil s'enfonce, le paradis des bienheureux *. »

Saint Jacques ou le soleil perdu ? Et si, au-delà des apparences, je n'avais suivi ce chemin que pour me prouver que j'étais vivant ? Vivant parmi les vivants !

« Mais, même mort tu seras vivant, puisque placé par ton baptême dans l'espérance. » (Frère Jean-Régis, Conques.)

Après tout, faute d'avoir compris, de pouvoir justifier POURQUOI je marche depuis près de deux mois sur des drailles vieilles comme le monde, puisque je ne puis justifier, agnostique, d'une démarche religieuse, que mes arguments rationnels se sont effilochés depuis longtemps aux réalités tout à fait irrationnelles, cette option de l'ouest mystique, et mythique, en vaut bien d'autres. Ainsi, sans le savoir, presque contre mon gré, je me suis mis en route vers la Terre promise du Livre ! Pâle Exode de quelques jours, Sinaï et Négev réduits à la taille de la Meseta et des Montes de Oca, et cette foule d'Hébreux qui m'accompagnent depuis la frontière. Où suis-je, dans quel rêve ou quelle réalité ? Où allons-nous la tête perdue dans les étoiles ? Je marche, tu marches, nous marchons vers Compostelle, à moins que ce ne soit cette Jérusalem céleste, terre de félicité si souvent promise, et pour toujours fuyante. Comme ce chemin, qui peut-être me conduira, dans la même direction, jusqu'en Californie, dont on pensa dans les heures pionnières qu'elle était peut-être la Terre promise. Visions de l'Éden et des ruisseaux de Canaan vers lesquels Abraham, le Père des croyants,

* Alphonse DUPRONT, *op. cit.*

pierre d'angle des trois religions monothéistes, se mit en route pour établir les siens. Éden, paradis, Terre promise, l'ouest toujours, et encore plus rebelle, inaccessible, comme j'essayais de le dire, il y a quelques décennies, sur ma guitare Wesminster à cordes métalliques, en massacrant *California dreamin'* qui, depuis ce matin, me trotte dans la tête. Et si l'histoire s'écrivait à l'est ? Je délire.

« Attention au retour ! La vraie difficulté est là, au retour. Il y a des gens qui disjonctent sur ce chemin. J'ai rencontré une femme partie de chez elle, six mois de route, qui parlait, parlait… Pour dire quoi ? Délire mystique ! Ça arrive, peut-être à cause de la fatigue. Elle, elle est arrivée à Saint-Jacques fada. Il y en a d'autres qui au retour disjonctent. Retrouver la routine de la vie professionnelle et familiale n'est pas toujours évident. C'est du moins ce que l'on m'a dit. » (Rose F., Saint-Pol-de-Léon.)

« Moi je suis rentré à pied, et c'est bien. Tu comprends, le retour en train ou en automobile te fait retomber trop vite dans une vie qui n'est plus faite pour toi. Alors que si tu reviens à pied, tu as du temps devant toi. Tu n'effaces pas tes traces de l'aller, mais les imprimes en toi, dans ton corps et dans ton esprit. Si, en marchant vers l'ouest, tu enterres le vieil homme, en revenant face au soleil tu confirmes ta résurrection symbolique. C'est un acte capital dans une vie. » (Louis J., Sévrier.)

Dimanche 9 juillet. Huitième et dernier dimanche passé sur la route ou dans cette inexplicable fuite en avant, moitié fugue, moitié rupture de ban, à moins que, sans que les mots soient clairement exprimés, ce ne soit une quête.

« Attention ! Compostelle, pour moi, c'est une quête, pas une conquête ! La conquête de quoi, d'abord ? » (Marie F., Acigné.)

Où serons-nous dimanche prochain ? Melide. Ce matin, nous avons reçu deux nouvelles intercessions de paysans. Si près de Compostelle, la chose est étonnante. Plus loin, sur un pont, une femme rencontrée poussant une brouette s'est écriée : *« ¡Madre de Dios ! »* lorsqu'elle a appris d'où nous venions. Ensuite elle a touché Gisèle, fait un grand signe de croix, avant de repartir avec sa brouette, en s'adressant de nouveau à la mère de Dieu… Espagne !

Boente, Castañeda, où, selon Aymeri Picaud, était fabriquée la chaux nécessaire au chantier de la cathédrale de Compostelle. Vaste chantier comme on le devine, dont les ramifications se perdaient, comme ici, à plus de cinquante kilomètres. À Ribadiso, arrêt à l'ancien hôpital San Antón del Ponte, fondé au XVe siècle par les Antonins, et récemment rétabli dans sa vocation première. Beaucoup de monde. Des jeunes surtout, plus ou moins encadrés par des enseignants déçus du peu d'intérêt manifesté par cette jeunesse, plus préoccupée de flirts que d'histoire jacobite. En fait, sous couvert de démarche culturelle, il s'agit de l'une de ces nombreuses colonies de vacances qui, chaque année, encombrent à moindre coût les gîtes pèlerins.

Ces trois derniers jours, nous avons marché avec un petit groupe de Madrilènes dont les effectifs fondent comme neige au soleil. Ce soir, il ne reste avec nous que Juan Carlos, que chacun, comme il se doit, gratifie régulièrement du titre de « Majesté ». Excellent repas au restaurant avec les trois pèlerines parisiennes, repas à la fin duquel le serveur chante en notre honneur, et dans un français approximatif, *Chevaliers de la Table ronde*. Bien entendu, nous reprenons en chœur, et les consommateurs s'en mêlent. D'autres chansons suivent, *À la claire fontaine, La Madelon*… Les applaudissements crépitent, traversés de : *« ¡Viva Santiago ! »* Fous rires, accolades, bonheur d'être reçus au vrai sens du terme, par ces inconnus, hommes et femmes qui nous ressemblent tant, et que nous ne reverrons jamais. Bonheur de se trouver si près du port, ou regret de la désertion annoncée ? Peut-être avons-nous trop bu ce soir.

« L'un de mes souvenirs les plus forts est lié au chemin d'Arles, d'où je suis parti en avril. Il a neigé sur les plateaux du haut Languedoc, et c'était extraordinairement beau. Et puis la neige s'est installée et tous les jours il en est retombé. Ma marche est devenue défi. Chaque matin je partais sans savoir où je serais le soir. J'étais seul, et heureux. Je me suis surpris moi-même. J'ai découvert une autre facette de moi que je ne connaissais pas. C'est vrai que le chemin apprend à se connaître. Faute de repères, j'ai marché pendant cinq jours à la carte et à la boussole. Des employés de l'équipement m'ont déconseillé de poursuivre. C'est vrai qu'il y avait beaucoup de neige et que cela me fatiguait, ralentissait ma marche. Enfin je suis arrivé à l'abbaye d'En-Calcat où le frère hôtelier m'a dit que quelques années plus tôt deux frères de la communauté étaient morts, égarés, pas très loin de là, dans la neige. » (Jean-Marc L., Noyalo.)

Retrouvé, à Arzua, deux des amis de Juan Carlos, qui aurait abandonné le chemin hier soir pour rentrer à Madrid. « Rien n'est jamais acquis à l'homme… » Ici peut-être moins qu'ailleurs. À quelques kilomètres, à moins de quarante de Compostelle, dans la forêt d'eucalyptus, le Camino s'arrête devant le monument élevé à la mémoire de Guillermo Watt, pèlerin britannique, dont l'épitaphe nous dit :

« Ici s'est couché, pour son dernier sommeil, Guillermo Watt. Rappelé à Dieu en ses 69 ans — À moins d'un jour de Compostelle, le 17/08/1993 —

Année Sainte — Qu'il dorme dans la paix du Christ. »

Ses chaussures et son chapeau ont été coulés dans une plaque de bronze. Trois kilomètres plus loin, un autre monument, plus sobre, mais tout aussi poignant, rappelle le souvenir de Mariano Goncalvez, pèlerin espagnol, mort en ce lieu à cinquante-deux ans, le 25 août de la même année.

Voici, assenée de façon abrupte, l'une des composantes trop souvent oubliées, ou négligées, du chemin : celle de la mort qui chaque année prend sa place dans la cohorte. Chaussures, chapeaux, carcasses de vélos, promus au rang de reliques et exhibés avec ostentation. Une simple croix ne suffirait-elle pas ? La mort violente a-t-elle besoin de ces « monuments » pour marquer sa victoire ? *¡Adios, compañeros !* Vous qui, en cette année sainte, marchiez vers le trépas, alors que nous atteignions Compostelle. *¡Adios, amigos !*

Encore deux petites journées, et Santiago sera atteint. Sortis de je ne sais où, les compagnons affluent, certains de pas très loin puisqu'il suffit d'accomplir cent kilomètres pour recevoir la *compostella*, d'autres manifestement en position de resquilleurs. Pourquoi ? Obtenir un diplôme ? Dire qu'ils sont allés à Compostelle ? Et après ? Sans parler de ceux qui ne peuvent marcher qu'accompagnés de *coches de apoyo* jamais assez discrets pour ne pas être vus. Qu'importe, ceux-ci vont dans l'assurance d'atteindre la cathédrale et pourront, dès demain, se targuer du titre de pèlerin. Combien sommes-nous à présent ? Beaucoup.

« Cent vingt pèlerins furent recensés à Compostelle en 1982. Personnellement, j'en ai rencontré trois sur tout le parcours. En 1988, ils étaient trois mille cinq cents. En 1993, il en arrivait deux mille par jour ! Le nombre ne me gêne pas. Au contraire, je voudrais qu'il y en ait dix mille par jour, comme au Moyen Âge. Et qu'importe s'ils ne sont pas tous bons, ni vrais pèlerins. C'est quoi un vrai et bon pèlerin ? Il y a huit cent mille enseignants en France. Ils ne doivent pas tous être bons. Cela se saurait ! Alors pour les pèlerins, c'est pareil, ils ne sont pas tous des anges. Tant pis. Tant mieux. Il faut prendre les gens comme ils sont. Moi je serai content le jour où le Camino retrouvera ses masses. Des milliers et dizaines de milliers. Bien sûr il y en aura qui vivront aux crochets des autres. Et alors ? Ce n'est pas ce qui se passe tous les jours autour de nous ? À cette différence près que ceux qui arnaquent ne sont pas les plus nécessiteux. Au moins, sur le chemin, les choses sont claires : on ne vole pas. Du moins je n'en ai jamais entendu parler. Pourtant, les sacs sont là, sur les lits, disponibles. Moi, le Camino me donne du bonheur à revendre. Pas tous bons les *peregrinos* ? Et alors ? Et nous, dans notre quotidien, dans nos petites vacheries que l'on se dépêche d'appeler faiblesses, sommes-nous si bons que cela ? Attention au jugement à l'emporte-pièce. Ce qui est valable pour moi l'est pour l'autre. Moi, quand je vois cent, cent cinquante pèlerins marcher devant moi, comme c'est arrivé en 1993, je chante toute la journée. » (Guy A., Montereau.)

Lavacolla. Monte del Gozo, ce Mont de la Joie d'où les pèlerins apercevaient les flèches de la cathédrale marquant la fin de leur « aller ». C'est du haut de ce monticule que Guillaume Manier découvre, le premier de la bande, les « deux clochers faits dans le même goût ». Ce qui lui vaut d'être reconnu par ses compagnons comme roi du pèlerinage. Mais, pour atteindre son but, il lui a fallu connaître bien des aventures, et frôler quelques dangers. Ceux nés d'altercations, d'abord, chicaneries, menaces, consignées de façon répétée. On se quitte en s'insultant, pour se rabibocher à la première occasion. A-t-on fini de se chercher noise, que ce sont les autochtones qui menacent. De part et d'autre on se juge, se jauge et se moque. Ce qui vaut à nos lascars d'avoir été coursés par des villageois dont les chants d'église les ont fait s'esclaffer, de s'être fait « galoper par une sentinelle » dont ils se moquaient, d'avoir risqué le sabre de militaires pour avoir « caressé de trop près des Espagnolettes ». Des femmes « superbes », qui, soit dit en passant, intéressent beaucoup nos pèlerins — jeunesse oblige.

« Dans ces quartiers est un beau sexe habillé proprement : taille fine, les manches de leurs chemisettes et leurs poignets garnis de dentelle noire… Les dames ont des chemises fines garnies de haute dentelle par en bas, d'un demi-pied de haut. »

Tout cela ne les empêche pas d'aller, de passade en passade *, le tailleur consignant scrupuleusement chaque repas, quantité et qualité, ni de faire leurs dévotions, y compris aux morts, comme celui devant lequel ils vont se recueillir à l'hôpital d'Astorga.

« Ensuite nous y avons eu la passade : un verre de vin blanc et une livre de pain chacun. »

Pèlerin voyageur, touriste avant la lettre, Manier porte des jugements sur ce qu'il voit, boit et mange.

« Ils n'ont point de chaises dans toute l'Espangne *[sic]*. L'on s'accroupit ou l'on se tient droit. On se sert de gobelets de bois pour boire du vin qui vaut deux liards, qui vaudrait bien dix sols en France, pour l'excellence et la qualité de ces vins qui ne sont pas falsifiés. […] Étant arrivés dans ce village [Salceda, en Galice], nous étions pour coucher. Il est bon de dire que la méthode du pays est pour les hommes

* Repas accordés aux pèlerins dans les couvents et monastères.

et les femmes qu'ils couchent tout habillés et changent de linge deux fois par an. Les bœufs couchent dans la même maison, et les cochons et autres bestiaux sont libres de battre patrouille la nuit, par tous les coins et recoins de la maison. »

Deux mois pleins se sont écoulés depuis leur départ de Picardie lorsqu'ils découvrent les clochers de Santiago. Partis de Carlepont le 26 août, ils atteignent Compostelle le 1er novembre à neuf heures du matin. La ville n'impressionne guère Manier — « à peu près de la grandeur de Noyon » —, alors que la cathédrale, où ils rendent « grâces à Dieu de nous avoir fait le voyage en santé », occupe plusieurs pages de son carnet. Ensuite ils mangent. Et beaucoup, semble-t-il, quatre passades à suivre avant de visiter, le lendemain, le trésor de la cathédrale où Manier recense sans sourciller des dizaines de reliques toutes plus surprenantes les unes que les autres. Le 4 novembre, ils quitteront la ville sans Delorme, qui préfère rentrer par le Camino Francés en compagnie d'un dénommé Saucet, garçon tourneur à Reims, alors que les autres choisissent Oviedo où le San Salvator, Christ pèlerin, appelle leur dévotion.

« Que l'apôtre soit là ou pas, je vais te dire, même si mes paroles sentent le soufre : je m'en fous ! Tu sais, chez les curés il y a cinquante ans, le pèlerinage de Compostelle n'était pas bien vu. Le type qui partait comme cela, est-ce qu'il était bien dans sa tête ? Ne fuyait-il pas femme et enfants ? Peut-être une histoire plus grave ? Les routards n'existaient pas. Les vagabonds n'étaient même pas clochards mais mendiants, alors les pèlerins ! Qu'est-ce que c'était que cette histoire ? Aujourd'hui encore, le pèlerin est un homme libre, souvent libertaire, rarement l'image de cul béni que l'on en donne. Il y a des époque où cela ne plaît pas. L'homme qui part sur les routes et y prend des habitudes fausse toujours le jeu des autres. Toujours. C'est pourquoi on s'en méfie plus ou moins. Maintenant le chemin change, les gens aussi. Il y a de plus en plus de pèlerins, c'est bien, mais c'est autre chose. Un jour j'ai envoyé une carte d'Espagne à un vieux copain. Je lui ai dit : "On nous a volé notre chemin", et c'est ce que l'on est en train de faire, voler ce chemin… Peut-être le faut-il. » (Louis J., Sévrier.)

Jeudi 13 juillet 1995. Pluie violente au réveil. Dernier gîte, dont la porte battante s'ouvre symboliquement sur l'ouest. Nous traînons un peu dans cet ultime *refugio* des derniers kilomètres, et la pluie n'y est pour rien. Ici le registre de passage a perdu sa faconde, des noms, des dates, mais plus de commentaires : rien à déclarer ! Je passe, tu passes, plus silencieux que le silence, muets. Faute de mots, usés à la meule des répétitions quotidiennes, ou parce que le cœur n'y est plus ? Dernière salve tirée en bas de page avant-hier : « La fête est terminée. » Depuis, rien, mais envoie-t-on ses fusées de détresse en arrivant au port ? Ce qui me frappe le plus depuis quarante-huit heures, ce n'est ni le nombre de pèlerins rencontrés et aussitôt disparus, ni les forêts d'eucalyptus au lourd parfum de pharmacie, pas plus que ces deux stèles mortuaires, mais le silence dans lequel nous marchions. À notre place Guillaume Manier et ses compagnons braillèrent et dansèrent de joie, le tailleur Picard jeta même — il le dit — plusieurs fois son chapeau en l'air avant de serrer ses amis dans ses bras.

Aujourd'hui, lequel d'entre nous manifeste sa joie d'arriver ? Je veux dire de façon ostensible. Personne ! On dit, mais peut-être est-ce une fable, que craignant d'atteindre Compostelle certains pèlerins terminent ici leur voyage. Font demi-tour, rebroussent chemin.

Pourquoi pas ? D'autres, emportés par leur course, ne font que traverser ville et cathédrale pour s'arrêter face au plein océan, sur les derniers arpents rocheux de l'Europe, au Cabo Fisterra. D'autres encore se rendent à Padrón où, selon la légende, la barque contenant la dépouille de l'apôtre se serait échouée. Où qu'il aille, et quoi qu'il fasse, le pèlerin est désormais nomade, un être définitivement en peine d'espace et de mouvement, un individu en quête, donc en marche dans son corps et dans sa tête. Dans sa tête, surtout.

Dernier matin de vagabondage. Il y a deux ans, je me souviens, nous chantions. Le *Dum Pater*, peut-être, plus sûrement l'un de ces traditionnels airs américains, chants de hobos, de routards, repris par Woody Guthrie et sifflotés — *On the road* — par la bande à Kerouac. *This land is your land.* Aujourd'hui comme hier, les prophètes prêchent au désert, à moins que… *This Camino is your Camino…* Rien que pour cette utopie, *¡Gracias Santiago!* Nous chantions alors, mais aujourd'hui à quoi pensons-nous en bouclant nos sacs ? À demain ? Ou à l'après-après-demain, à ces jours à venir où nous devrons, en paiement de nos dettes, justifier notre fugue, rendre compte, tenter d'expliquer l'inexplicable, à l'aide de quelques images égrenées, passées de teintes, passées d'urgence.

« Il y a trop de capitulation dans le retour, une sorte de défaite acceptée, pour que ce ne soit pas la pire des choses. »

Bien qu'excessive, cette phrase entendue je ne sais quand, ni de qui, n'en est pas moins crédible. Il y a toujours un peu de capitulation dans un retour, même programmé. Surtout programmé. Départ du gîte à sept heures pour arriver à Compostelle deux heures plus tard. Il pleut toujours, une fois de plus « la journée en sera » et nous ferons avec.

« Ici, me dit un journaliste espagnol, nous avons cette chance unique de bénéficier d'une pluie neuve, propre, tout droit venue de l'océan. »

Avis de spécialiste que je reçois sans intérêt ni humeur, depuis si longtemps insensible aux frasques du ciel. Ce qui ne m'empêche pas de constater que pour être virginale la pluie de Galice n'en est pas moins plus obstinée qu'une mule. C'est donc à l'intérieur d'un mur d'eau légèrement tiède que nous parcourons l'une après l'autre les rues montantes de la cité, marche d'approche, marche de consécration. Le pas est identique à celui de Navarre ou de la Meseta, un pas acquis, mécanique, juste assez rapide pour saisir le monde en ce qu'il a d'essentiel : un mètre par seconde.

Conséquence de la météorologie, la ville est quasi déserte, le peu de vie se réfugiant sous les arcades où, entre deux numéros gagnants, les vendeurs de billets de loterie annoncent l'éclaircie aux passants. Dans l'entrée de la cathédrale un prêtre qui sortait s'efface pour nous laisser entrer. Je refuse, il insiste pour me laisser la place et, en dernier lieu, me tend la main. Salutations, poignée de mains, deux mots que je ne saisis pas. J'entre escorté, parce que reconnu.

Le désert de la ville se prolongerait-il dans ces murs ? *A priori* je le pense, mais les dimensions de la cathédrale, ses chapelles et recoins faussent le jugement. Cent, deux cents personnes vont et viennent, à moins qu'elles ne prient devant l'autel, autant dire peu de monde là où en temps ordinaire on se heurte à la foule. Le silence est lui aussi impressionnant, voix feutrées, échos de petits riens. Nous accomplissons seuls, et dans une grande paix intérieure, le rituel de l'arrivée pèlerine. Méditation, prières, déambulation est-ouest — la marche à l'étoile finira-t-elle jamais ? Seuls nous le sommes encore dans la crypte, devant la châsse d'argent contenant les reliques présumées de l'apôtre. Quel que soit l'objet de sa démarche, aucun pèlerin ne peut se soustraire à ce rituel. Ceux qui s'y dérobent le paient «et souvent plus cher que cela ne vaut». C'est du moins ce que l'on dit, citant à l'appui l'histoire de l'une de ces têtes folles qui fut contrainte de revenir de chez lui et à pied pour accomplir ce qu'il avait volontairement éludé lors d'un premier voyage.

Si présent sur le chemin, le toucher de la pierre trouve également sa conclusion dans la cathédrale, où le jacquet doit poser sa main dans l'empreinte creusée par ses millions de prédécesseurs, dans le marbre du portique de la gloire. Ici s'achève l'un des rituels symboliques les plus forts du chemin, ici se boucle la boucle et se referme l'un des livres ouverts dans l'instant du départ, celui de la quête des énergies telluriques. Est-ce l'heure, dans cette cathédrale désertée où la statue de Jacques semble briller pour nous seuls, de faire ce fameux point avec soi-même tellement attendu par nos compagnons ?

Première pensée : le chemin. Seconde pensée : toujours le chemin, puis encore et encore *el camino de Santiago*, des images, rencontres furtives, visages, villages, *pueblos*, églises, croix, celle de Martin Gawol, près de la chapelle d'Harambeltz, cathédrales, clochers, cigognes, mains qui se tendent, se serrent, se lèvent, bénédictions, paroles, mots, intercessions, priez pour nous…, pluie, vent, froid, la neige d'Aubrac, chaleur, poussière, rires, chants, joie, trois Espagnols dansant sur la route, pleurs, abandon, douleurs, plaies vives, vents fous, rues, ruelles, *plaza mayor*, *refugios*, portes fermées, portes ouvertes, accents, regards, discrétion de ceux qui reçoivent, les mots de nouveau, dits et non dits, lus dans le Livre ouvert pour nous, l'Évangile selon…, mots d'amour, de fraternité, ceux par lesquels j'ai repoussé, un jour, l'abandon inéluctable, images... images et toujours, au milieu d'elles, le chemin. Ainsi, cet instant que j'attendais moi aussi, ces quelques minutes ouvertes sur une réflexion spirituelle intense tournent à la chute libre dans un passé trop récent, trop prégnant, contre lequel ma pensée s'égare comme les traces de mes semelles. Impossible de se défaire de ces kilomètres de liberté libre où je passais parmi les autres, de la cour de ferme aveyronnaise au village castillan, précédé, accompagné par la grande prière universelle, le dit des éléments, ce formidable oratorio sans début ni fin, dont je ne fus jamais que l'une des notes constituant l'accord — ce *Chant du monde* cher à Giono. Où suis-je ?

Des vers me reviennent en mémoire, extraits des « Poètes » d'Aragon : « Je passais comme la rumeur, et m'endormais comme le bruit. » Pourquoi ceux-là ? Passant, passeur, passage, passager, passer, actions fugaces condamnées à l'oubli, seul le passé conjugué s'enracine dans le temps. On dit que le pèlerin est un être en recherche de vérité. De vérité universelle, ou de la sienne ? Cela on ne le dit pas. Les deux sans doute. Reste à savoir si je suis en droit de me revendiquer pèlerin, alors que je suis incapable de dire la moindre prière, dans cette cathédrale vers laquelle j'ai si longtemps marché, à quelques mètres de l'apôtre — qui d'ailleurs semble sourire de ma confusion. Je ne sais plus dans quel ouvrage Louis Guilloux dit que « la foi des hommes l'intéresse moins que ce qu'elle leur fait faire ». Et si l'absence de foi était aussi exigeante — sinon plus — que la foi elle-même ?

« J'ai l'intention de partir vers Compostelle en avril 1999, pour participer aux fêtes de la Saint-Jacques, le 25 juillet. Il s'agit en fait d'un pèlerinage un peu particulier, puisque c'est en tant que compagnon charpentier que je prendrai le chemin, pour clore symboliquement le voyage ouvert par mon Tour de France. Comme vous le savez, le compagnonnage représente un parcours initiatique de l'existence, et de la connaissance. Compostelle y est inclus. Pour moi, cela veut dire qu'en me rendant là-bas je bouclerai une boucle. C'est une sorte d'aboutissement, un retour sur soi, une occasion de faire le bilan. Vous allez me dire que je pourrais le faire ailleurs, c'est vrai, à la Sainte-Baume par exemple. Eh bien non, c'est Compostelle ! Je suis croyant et pratiquant. Il y a donc un aspect religieux dans ma démarche, mais aussi, comme nous sommes des bâtisseurs, il y a le côté recherche de ce qu'ont pu faire nos anciens, et également le désir d'aller au fond de soi-même, qui en fait termine notre vie initiatique. Notre vie de compagnon, quoi... Je partirai avec deux autres compagnons, également charpentiers. Symboliquement, notre départ s'effectuera de l'église Saint-Jacques-de-Pirmil à Nantes, parce que c'est saint Jacques et que le siège de notre société se trouve dans cette ville. » (Angevin-va-de-bon-cœur, Laigné.)

La messe des pèlerins porte une sorte de point final à notre démarche. Seul le bureau des pèlerinages est encore en mesure de nous considérer comme *peregrinos*. Aux yeux de tous les autres nous sommes d'ores et déjà touristes. Avant l'office, nous avons allumé une vingtaine de petits cierges pour nos proches, et en accomplissement des vœux auxquels j'ai associé, comme me l'a demandé Michel, les « oubliés », ceux à qui jamais personne ne pense, et pour lesquels nul ne prie. Place de l'Obradoiro, sur laquelle, pendant les siècles d'or du pèlerinage, furent commercialisées — de façon réglementée —

les coquilles, emblèmes du retour de Saint-Jacques. Aujourd'hui on y vend de tout et du pas grand-chose, cassettes de musique, cartes postales, médailles, bourdons et coquilles en plastique... Cette coquille qu'une fois de plus, par respect pour mes prédécesseurs, j'ai refusé de porter. Ballet de cars dont on sort en criant un peu, le temps de courir se réfugier sous le porche de la cathédrale. Il pleut toujours, les parapluies traversent la place, l'ennui s'installe dans nos têtes.

Ce soir, le bureau des pèlerinages attestera de notre état de *peregrinos*, en nous délivrant nos *compostellas*, certifiant que nous avons satisfait à nos devoirs et obligations de jacquets, dont le premier commandement est de marcher jour après jour vers la demeure de l'apôtre. Diplôme de fin de pérégrination, donc, comme il en est de fin d'études. Riches de rien, et aptes à recommencer l'aventure de la draille, nous serons déliés du chemin comme d'un serment. Sans doute ferons-nous le projet de revenir — « Et pourquoi pas par le Camino de la Plata ? » — avant de nous embrasser pour bien montrer que nous sommes heureux d'avoir vécu ce rêve, et tristes de l'abandonner, à quelques mètres d'où il naquit il y a un peu plus de onze siècles.

Qu'emporterons-nous de Santiago que nous ne connaissions déjà ? Rien, les souvenirs sont ailleurs, sur le chemin, dans les rencontres, et quelques noms notés sur un carnet d'adresses. La ville, certainement l'une des plus belles d'Espagne, ne me parle pas. *A priori* trop distante, peut-être un peu trop sévère, corsetée dans ses bâtiments comme une duègne de fin de règne. Pourtant il paraît que l'on s'y amuse, que la vie y va bon train au rythme des cités universitaires. Peut-être, et sans doute suis-je injuste, mais je constate que la voix des masses qui firent l'épopée, le vent fou de cette histoire déraisonnable n'atteignent pas, n'atteignent plus, la cité sainte. Trop sainte ? Trop théâtrale, engoncée dans un ordre édictant règles et protocoles ? Peut-être. Il est du moins possible de le penser, et ce ne serait pas, loin s'en faut, une exception. Quoi qu'il en soit, pas plus cette fois-ci que celles qui l'ont précédée nous n'y séjournerons plus de vingt-quatre heures. Pourtant rien ni personne ne nous attend, et quelques jours de détente n'auraient rien d'exagéré. Mais se repose-t-on vraiment sur le lieu de sa capitulation ? J'en doute assez pour me renseigner sur les heures de départ des trains vers la France.

Ultime soirée chez Suso, lieu habituel de rendez-vous des pèlerins français. Ni *Francés*, ni *compañeros. ¡Nada!* Seuls quelques amateurs de foot, regroupés autour du poste de télévision, et des étudiants attablés près de la porte. Entre deux verres de Ribero, Suso me laisse entendre que la présence du corps de l'apôtre à Compostelle relève de la fable, et que l'affaire a été montée de toutes pièces dans le but de mobiliser l'Occident contre les Maures. Ceci n'est sans doute pas faux, mais ne suffit pas à expliquer pourquoi un millénaire plus tard le nom de Compostelle continue de fasciner le monde. Pourquoi, venus des endroits les plus surprenants, et parfois les plus éloignés de la planète, des hommes et des femmes marchent, aujourd'hui comme hier, et marcheront demain vers ce phare ultime de l'Occident à l'ombre duquel nous conversons : la cathédrale de Santiago.

« Ah ! ça c'est une autre histoire, me répond-il en remplissant les verres, quelque chose qui ne s'explique pas, de l'ordre du mystère en quelque sorte. »

C'est effectivement le sens que je donnais à ma démarche.

Vendredi 14 juillet 1995. Il pleut toujours lorsque nous nous rendons à la gare. À peine plus chargés qu'hier, nos sacs pèsent à présent des tonnes. Je m'y attendais. Le fait de perdre son statut de pèlerin condamne à n'être que soi-même, occasion que saisit la fatigue pour commencer à faire des siennes au nom de la revanche. Même notre démarche est différente, boiteuse, boitante, une façon de marquer le pas moins assurée, les pieds qui traînent. Quel âge avons-nous ce matin ? Mille ans ? Davantage ? De quel dédale du temps sortons-nous ?

« Ils étaient vieux lorsqu'ils parvinrent à cette gorge étroite où Hercule planta ses deux bornes. Nul n'osa jamais se hasarder plus loin. Mais eux à Ulysse : "À travers cent mille dangers nous sommes venus aux confins d'occident. Ce n'est pas notre vieillesse qui nous empêchera de suivre le soleil dans les déserts. Nous n'avons pas été faits pour vivre comme des brutes mais pour jouir des sciences véritables *." »

Rues désertes. Il est six heures. Le train part à sept. Nous serons chez nous demain aux alentours de midi. *Café con leche* au buffet de la gare. D'autres pèlerins, dont certains ont dormi sur place, attendent ce train qui les ramènera à la frontière française. Je tente de me rappeler les vers de Machado.

Quand tu marches tes traces sont le chemin, rien de plus.
Quand tu marches il n'y a pas de chemin.
Le chemin se fait en marchant **...

Je me perds dans la suite, Gisèle ouvre un journal, la *Voz de Galicia*, on y parle de la prochaine année sainte et des structures qu'il conviendra de mettre en

* Jean Giono, *Virgile*, Gallimard, « La Pléiade », t. III, 1973.
** Antonio Machado, *Champs de Castille*, « Poésie Gallimard », 1980.

place pour recevoir les pèlerins, encadrer le chemin… Encadrer ? Je relis, c'est bien le mot *encuadrar* qui est écrit. Dans quatre ans le Camino sera placé sous haute surveillance, diverses commissions travaillent déjà sur des projets…

C'est en marchant que se fait le chemin
Et quand tu regardes derrière toi…*

Quand et comment vous est venue l'idée — ou le désir — de vous rendre à pied à Compostelle ? Pourquoi et comment vous êtes-vous mis en chemin ? Cette marche a-t-elle changé quelque chose dans votre vie ? Quoi et en quels domaines ? Votre démarche fut-elle religieuse, culturelle ou spirituelle ? Faute de connaître les questions auxquelles je devrai répondre, demain ou dans un an, j'en bricole quelques-unes à l'avance ; celles que l'on ne me posera sans doute jamais.

Le retour précédent fut plus que laborieux, pénible. Trop déphasés pour satisfaire à l'attente des autres, mais incapables de nous taire, combien de fois avons-nous répété les mêmes phrases anecdotiques, brossé des images en trompe l'œil ? Le vrai retour se situe dans la fuite d'un nouveau départ, ou dans l'écriture d'un livre. C'est ce que fit Guillaume Manier. À peine rentré à Carlepont en Picardie, il repart pour Rome avec Jean Hermand — qu'il faillit tuer à coups de bâton près de Castrojeriz. De nouveau chez lui, il laisse passer dix années avant d'entreprendre la rédaction de ses souvenirs de pèlerinages. Deux volumes manuscrits, in-douze, d'environ deux cent vingt-cinq pages chacun : *Voyage d'Espangne et d'Italie fait en 1726 et en 1727 par Manier de Noyon, écrit de sa main en 1736.* Que

* *Ibid.*

devint-il ensuite ? On ne le sait pas. Disparu, volatilisé. Sans doute, comme un écrit annexe le laisse penser, est-il reparti sur les chemins où, cette fois, le mauvais sort l'attendait. Quels chemins ? Bien entendu ce sont ceux de Compostelle qui viennent aussitôt à l'esprit, ne serait-ce que pour couronner le personnage de je ne sais quelle aura *post mortem.* Pourquoi pas ? Mais rien ne le prouve, la seule certitude que nous ayons tient à sa disparition, dans sa trente-troisième année. Là au moins, les choses sont certifiées par une absence de plus de deux siècles. Devenu routard, Guillaume Manier laisse une tombe ouverte, celle du registre de catholicité de sa paroisse, où sa date de baptême, le 19 juillet 1704, attend désespérément une suite.

Tombe ouverte, tombe refermée ; celle des anonymes, pauvres sans feu ni lieu, mendiants, vagabonds, gens de chemin et « saints terreux » ensevelis « en lieu et place » où on les trouva couchés l'heure venue, le long d'un chemin, qu'il soit de Compostelle ou d'ailleurs.

Tu ne vois que la trace
Que jamais plus ton pied ne foulera *.

Par les fenêtres du wagon, la Meseta s'enfuit. Carión de los Condes devrait se trouver là-bas, tout au fond. Devrait…

* Antonio Machado, *op. cit.*

Paz, amor y gracia
A todos hermanos
Dispersos cristianos
De toda la tierra.

Poème écrit par un pèlerin sur le registre de passage de Navarrete.

18 août 1998. Marc et Marie sont rentrés hier de Navarrete, village de la Rioja où, deux semaines durant, ils ont été hospitaliers.

« Accueillir les pèlerins est une expérience irremplaçable, complémentaire de ta propre démarche de pèlerin, et en même temps très difficile. D'abord parce que tu as des contraintes d'heures et de service, ensuite parce qu'il faut gérer les particularités entre gens fatigués, de nationalités différentes, et dont les intérêts et le sens de la présence sur le Camino divergent. Ne serait-ce qu'entre cyclistes et piétons, par exemple. Il faut gérer au mieux, en respectant les susceptibilités, sans accepter l'inacceptable. Le pèlerin désagréable, le râleur, l'emmerdeur existent, c'est vrai, je les ai rencontrés, mais à côté il y a les autres, la masse des réalistes heureux de trouver un lit, une douche, un accueil. Ce sont eux qui l'emportent. » (Marc.)

« Il y a ceux qui ne sont pas pèlerins mais touristes, ce sont ceux-là qui le plus souvent revendiquent des droits qu'ils n'ont pas. Mais toi, tu ne peux pas juger. Qui te dit que celui qui manifestement passe des vacances en famille, à bon compte et à raison de quelques kilomètres par jour, n'est pas en train de devenir pèlerin ? Hospitalier, tu reçois, tu donnes sans rien attendre en retour. Tu fais partie d'une organisation dont les rouages échappent à celui qui passe. Le fait d'avoir tenu ce gîte m'a permis de découvrir les gens de l'ombre, ceux des associations, souvent anciens pèlerins, villageois protecteurs et vigies du chemin, grâce auxquels les situations les plus délicates s'arrangent toujours. Ce sont ces gens qui assurent la liberté du pèlerin, c'est grâce à eux que lui peut vivre son chemin sans trop de souci du lendemain. Tous les jours nous avons vécu des choses différentes avec des gens différents, et chaque soir il s'en est trouvé un ou deux pour nous faire partager un bout de leur Camino. Cela nous réconfortait, nous payait un peu de nos peines. Et puis il y eut ces jeunes, souvent passés par le mouvement scout, des jeunes de toutes nationalités, marchant le plus souvent seuls, à la charnière entre le lycée et l'école d'ingénieurs ou la fac, découvrant leur indépendance en même temps que leur vie d'adulte. Des jeunes qui avaient des choses dans le ventre, des choses profondes, exigeantes, des gens en recherche, gais, ouverts aux autres, joyeux. De grands solitaires, sachant vivre le monde ! » (Marie.)

« Quand tu es pèlerin, tu pars quand tu veux, tu t'arrêtes quand tu veux, tu fais ce que tu veux, tu es libre et n'as de compte à rendre à personne, mais lorsque tu deviens hospitalier, tu ne fermes pas ta boutique, ni ne l'ouvres quand cela te chante. Il y a des règles à respecter. En plus tu te trouves condamné à une sorte d'immobilité. Ce sont les autres qui marchent, pas toi. Toi, tu les vois arriver et tu les regardes partir, tu restes, donc tu les envies un peu, mais tu as fait ton choix. La liberté est sur le chemin, pas dans les refuges. » (Marc.)

La liberté est sur le chemin. C'est sur cette phrase que se refermera ce livre. Non pas que tout soit dit, loin s'en faut, sur ce pèlerinage qui depuis si longtemps fascine l'humanité, mais parce qu'il faut bien accorder une place au rêve. Ce rêve, félicité ou cauchemar, que tous sans exception ont évoqué, comme si, dès la première seconde, l'aller vers Saint-Jacques-de-Compostelle s'enracinait dans un onirisme obligatoire. Vous les avez entendus parler de chemins, du leur et de celui des autres, témoigner de leur expérience. Peut-être même, ancien pèlerin, en avez-vous reconnu certains. Ce livre est leur livre, pas le mien, ce sont eux qui, à leur façon, selon leur sensibilité, leur foi ou leur absence de foi vous ont parlé de cette expérience qui un jour changea — du moins la plupart d'entre eux le disent — le cours de leur vie.

Bien sûr mon choix peut sembler partial, et certes il l'est dans la mesure où, choisissant tel témoignage plutôt que tel autre, j'ai éclairé ou laissé dans l'ombre des pans entiers de cette histoire qui n'a pas fini de nous interroger. Je revendique ce choix, commandé par le désir de donner une voix, des voix au chemin en accordant la parole à ces témoins privilégiés que sont le passant et celui qui l'attend, l'accompagne ou l'accueille.

Table

Petite Bibliothèque Payot / Voyageurs

Edward Abbey, Désert solitaire / **228**
John James Audubon, Journal du Missouri / **142**
Nicolas Baïkov, Dans les collines de Mandchourie / **380**
Nigel Barley, Un anthropologue en déroute / **176**
Nigel Barley, Le retour de l'anthropologue / **267**
Nigel Barley, L'anthropologie n'est pas un sport dangereux / **365**
Jean-Michel Barrault, Le *Sacre* et La *Pensée* / **282**
Sybille Bedford, Visite à Don Otavio / **102**
Nicole-Lise Bernheim, Chambres d'ailleurs / **363**
Alain Blottière, L'oasis / **210**
Jean-Claude Bourlès, Retours à Conques / **242**
Jean-Claude Bourlès, Le grand chemin de Compostelle / **341**
Jean-Claude Bourlès, Une Bretagne intérieure / **404**
Jean-Claude Bourlès, Passants de Compostelle / **406**
Nicolas Bouvier, Chronique japonaise / **53**
Nicolas Bouvier, L'usage du monde / **100**
Nicolas Bouvier, Journal d'Aran et d'autres lieux / **155**
Bill Bryson, Motel Blues / **260**
Frank Bullen, La croisière du *Cachalot* / **147**
Robert Byron, Route d'Oxiane / **137**
Pino Cacucci, Poussières mexicaines / **307**
Jean Clair, Le voyageur égoïste / **364**
Jean Clausel, Indes / **372**
Jean-Luc Coatalem, Mission au Paraguay / **346**
Anita Conti, Géants des mers chaudes / **322**
Anita Conti, Racleurs d'océans / **339**
Jules Crevaux, Le mendiant de l'Eldorado / **135**
Jules Crevaux, En radeau sur l'Orénoque / **193**
Richard H. Dana, Deux années sur le gaillard d'avant / **266**
Paul Del Perugia, Les derniers rois mages / **154**
Charles M. Doughty, Arabia Deserta / **189**
Lady Lucie Duff Gordon, Lettres d'Égypte / **333**
Gerald Durrell, La forêt ivre / **221**
Gerald Durrell, Le aye-aye et moi / **313**
Isabelle Eberhardt, Écrits intimes / **239**

Petite Bibliothèque Payot

Guy Achard, La communication à Rome / **211**
Alfred Adler, Connaissance de l'homme / **26**
Alfred Adler, Le sens de la vie / **47**
Alfred Adler, Le tempérament nerveux / **84**
Alfred Adler, L'enfant difficile / **122**
Alfred Adler, L'éducation des enfants / **390**
Ernest Aeppli, Les rêves et leur interprétation / **64**
Giorgio Agamben, Enfance et histoire / **387**
Alexandrian, Histoire de la philosophie occulte / **205**
Alexandrian, Histoire de la littérature érotique / **230**
René Alleau, De la nature des symboles / **319**
Jacques André, Être médecin à Rome / **256**
Gérard Apfeldorfer, Je mange, donc je suis / **140**
Hannah Arendt, Politique et pensée / **289**
Jean-Paul Aron, Le mangeur du XIXe siècle / **8**
Paul-Laurent Assoun, Freud et la femme / **219**
Piera Aulagnier, Un interprète en quête de sens / **43**
Pierre Avril, Essais sur les partis politiques / **41**
David Bakan, Freud et la tradition mystique juive / **395**
Michael Balint, Le défaut fondamental / **44**
Michael Balint, Les voies de la régression / **383**
Ilse Barande, Ferenczi / **270**
Jean-Pierre Barou, L'œil pense / **283**
Blandine Barret-Kriegel, L'État et les esclaves / **4**
Charles Baudouin, L'œuvre de Jung / **133**
Jean Bayet, La religion romaine / **360**
Walter Benjamin, Charles Baudelaire / **39**
Pierre Benoit, Le langage de la maladie / **318**
Edmund Bergler, La névrose de base / **382**
Edmund Bergler, Les parents ne sont pas responsables des névroses de leurs enfants / **399**
Eric Berne, Analyse transactionnelle et psychothérapie / **37**
Roger Beteille, La chemise fendue / **288**
Alfred Binet, Le fétichisme dans l'amour / **393**
Ernst Bloch, La philosophie de la Renaissance / **201**

Philippe Boulu, La dynamique du cerveau / **124**
François Boureau, Contrôlez votre douleur / **60**
Jean Bourguignon / Charles Houin, Vie d'Arthur Rimbaud / **172**
Régis Boyer, La saga de saint Óláf / **77**
T. Berry Brazelton, Écoutez votre enfant / **74**
T. Berry Brazelton, L'enfant et son médecin / **139**
Jacques Brosse, Mythologie des arbres / **161**
François Burgat, L'islamisme au Maghreb / **241**
Louis-Jean Calvet, Georges Brassens / **129**
Véronique Campion-Vincent/Jean-Bruno Renard,
Légendes urbaines / **338**
Henri Carré, Sully / **355**
Olivier Carré, Le nationalisme arabe / **285**
Bernard Cathelat, Publicité et société / **83**
Léonce Chaleil, La mémoire du village / **192**
Jean-Pierre Chartier, Introduction à la pensée freudienne / **162**
Jean-Pierre Chartier, Les parents martyrs / **163**
Roger Chartier, Pratiques de la lecture / **167**
Malek Chebel, L'esprit de sérail / **265**
Malek Chebel,
Le livre des séductions, *suivi de* Dix aphorismes sur l'amour / **284**
Malek Chebel, La formation de l'identité politique / **331**
Léon Chertok, L'hypnose / **10**
Louis Chevalier, Juanito / **213**
Bernard Chevallier / Christophe Pincemaille,
L'impératrice Joséphine / **309**
Victor Chklovski, Le voyage de Marco Polo / **127**
Noam Chomsky, Le langage et la pensée / **31**
George Clare, Dernière valse à Vienne / **345**
Commission « Efficacité de l'État » du Xe Plan présidée par
François de Closets, Le pari de la responsabilité / **21**
A. Cohen, Le Talmud / **65**
Peter Collier / David Horowitz, Les Kennedy / **101**
Politique d'Auguste Comte,
Textes choisis et présentés par Juliette Grange / **293**
Politique de Condorcet,
Textes choisis et présentés par Charles Coutel / **281**
Edward Conze, Le bouddhisme / **223**

Karl Marx, Misère de la philosophie,
Textes choisis et présentés par Jean Kessler / **294**
Henri Massé, Anthologie persane / **330**
Les Matérialistes au XVIIIe siècle,
Textes choisis et présentés par Jean-Claude Bourdin / **280**
Predrag Matvejevitch, Bréviaire méditerranéen / **251**
Marcel Mauss, Manuel d'ethnographie / **13**
Gérard Mendel, Pour décoloniser l'enfant / **5**
Jack Messy, La personne âgée n'existe pas / **180**
Jacques Meunier, Le monocle de Joseph Conrad / **150**
A. de Mijolla / S. A. Shentoub,
Pour une psychanalyse de l'alcoolisme / **40**
Pierre Milza, Voyage en Ritalie / **224**
Eugène Minkowski, La schizophrénie / **328**
Eugène Minkowski, Vers une cosmologie / **370**
Marie Moscovici, Il est arrivé quelque chose / **46**
Georges Mounin, La sémantique / **317**
J. D. Nasio,
Enseignement de 7 concepts cruciaux de la psychanalyse / **111**
J. D. Nasio, Cinq leçons sur la théorie de Jacques Lacan / **203**
J. D. Nasio, L'hystérie / **263**
J. D. Nasio, Le plaisir de lire Freud / **356**
J. D. Nasio, Le silence en psychanalyse / **400**
André Neher, L'identité juive / **198**
André Neher, Prophètes et prophéties / **272**
Jean-Pierre Néraudau, Être enfant à Rome / **295**
Rudolf Otto, Le sacré / **218**
Rudolf Otto, Mystique d'Orient et mystique d'Occident / **278**
Marc-Alain Ouaknin,
Concerto pour quatre consonnes sans voyelles / **186**
Marc-Alain Ouaknin, Méditations érotiques / **187**
André Parrot, L'archéologie / **303**
Willy Pasini, La qualité des sentiments / **243**
Willy Pasini, Éloge de l'intimité / **306**
Willy Pasini, Nourriture et amour / **335**
Michel Perrin, Le chemin des Indiens morts / **297**
Michel Pinçon / Monique Pinçon-Charlot, La chasse à courre / **269**
Danielle Porte, Le prêtre à Rome / **255**

Petite Bibliothèque Payot / Échecs

Impression réalisée sur CAMERON par

BUSSIÈRE CAMEDAN IMPRIMERIES

GROUPE CPI

à Saint-Amand-Montrond (Cher)
pour le compte des Éditions Payot & Rivages
en mai 2001

N° d'impression : 012669/1.
Dépôt légal : mai 2001.
Imprimé en France
ISBN 2-228-89434-6